人民日报学术文库

主 编　潘永志

副主编　门桂玲
　　　　张国忠

企业文化与企业管理

QiYe WenHua Yu QiYe GuanLi

人民日报出版社

图书在版编目（CIP）数据

企业文化与企业管理 / 潘永志主编；门桂玲，张国
忠编著 . —北京：人民日报出版社，2014.6
ISBN 978 - 7 - 5115 - 2669 - 4

Ⅰ . ①企… Ⅱ . ①潘…②门…③张… Ⅲ . ①企业文
化②企业管理 Ⅳ . ①F270

中国版本图书馆 CIP 数据核字（2014）第 122703 号

书 名：	企业文化与企业管理
主 编：	潘永志

出 版 人：	董 伟
责任编辑：	袁兆英
封面设计：	中联学林

出版发行：人民日报出版社

社 址：	北京金台西路 2 号
邮政编码：	100733
发行热线：	（010）65369527　65369846　65369509　65369510
邮购热线：	（010）65369530　65363527
编辑热线：	（010）65363105
网 址：	www. peopledailypress. com
经 销：	新华书店
印 刷：	北京天正元印务有限公司

开 本：	710mm×1000mm　1/16
字 数：	175 千字
印 张：	14
印 次：	2014 年 9 月第 1 版　 2014 年 9 月第 1 次印刷

书 号：	ISBN 978 - 7 - 5115 - 2669 - 4
定 价：	42. 00 元

目 录
CONTENTS

第一章

企业文化概述

1. 企业文化的内涵与价值

对于绝大多数企业管理者而言，"企业文化"早已不是陌生的词汇。作为一个与企业生产经营、生存发展密切相关的重要元素，"企业文化"已经被写进了大学课本和各种各样的培训教材，成为有志于从事企业管理的青年学子及企业各级管理人员，甚至是普通员工的必修课。

那么，究竟什么是企业文化呢？

从字面上看，"企业文化"是包含于"文化"这一范畴之内的。提到"文化"，人们首先会想到文学、音乐、美术、哲学等精神层面的东西。对此有所了解的人，会被认为是"有文化"，反之，则是"没文化"。事实上，这即使算不上对"文化"的误解，也只能算是一种片面理解。

按照《现代汉语词典》的解释，文化是人类在社会历史发展过程中所创造出来的物质财富和精神财富的总和。它不仅包括文学艺术、学术思想、道德情操、宗教信仰等精神层面的东西，也包括所有已被创造出来并对人类的生存发展具有积极意义的物质产品及科学技术等物质层面的东西。也就是说，不但一部文学名著属于"文化"的范畴，而且一道家常菜的做法也是"文化"。明白这一点,对于我们正确认识企业文化有着非常重要的意义。

当我们第一次接触"企业文化"这个词时,头脑中首先想到的往往是那些被刷在企业生产车间墙壁上的标语或印在企业宣传册上的口号。这当然不能算是一种错误,但如果我们对企业文化的理解仅止于此,则是远远不够的。

事实上,企业文化博大精深,不但普通管理者或学生常常对它的内涵一知半解,就连许多国内外的权威人士也对它的定义众说纷纭。

最早提出企业文化概念的美籍日裔管理学家威廉·大内认为,企业文化主要由两部分构成,即企业的传统和风气。此外还包括企业的价值观。企业文化是一整套象征、仪式和神话,它可以向员工灌输企业的信念。

与威廉·大内持相似意见的还有美国哈佛大学教育研究生院教授特雷斯·E·迪尔和美国麦肯锡管理咨询公司专家阿伦·A·肯尼迪。他们认为,企业文化由价值观、神话、英雄和象征凝聚而成,它们对于企业的员工有重要的意义。

全球著名的领导力专家约翰·P·科特和哈佛商学院教授詹姆斯·L·赫斯克特则认为,企业文化是指企业各部门(至少是高层管理人员)所公认的企业价值观和共同参与的经营实践,是企业中身处不同地理环境或一个分支机构的各职能部门所共同拥有的文化现象。

美国当代著名的管理学者托马斯·彼德斯和小罗伯特·沃特曼认为,企业文化是一种紧密相连的环境结构,可以激发广大员工做出不平凡的业绩。

此外,美国的其他两位管理学家杰克琳·谢瑞顿和詹姆斯·L·斯特恩则提出了一种更为全面的观点。他们认为,企业文化不单指企业的环境,同时也包括企业的"个性",即企业的"行事风格"和自身的特点,类似于某个人的个性,它涵盖了企业生产经营的各个方面。

国内学者对于企业文化也有着不同的认识,大致可分为以下六种观点:

第一,企业文化即有着企业特色的共同价值观。企业文化包括了在某个企业系统之内形成的群体意识,以及由这种群体意识所产生的群体行为规范。其核心是能被企业全体员工所接受的价值观念体系。这种观点强调企业必须要有自己的经营理念、价值标准、文化传统、道德风尚和哲学思想,全体员工能够在一种崇高思想的引领之下,团结一致去完成企业的既定目标。

第二,企业文化即企业员工的群体意识。它不但包括了员工的行为规范和心理状态,而且还包括了企业的管理习惯。企业文化是在多种因素的共同影响下形成的。这些因素包括地理、自然、教育、哲学、法律、经济、政治以及社区文化和民族文化,等等。

第三,企业文化就是企业的总体文明状态。它包括企业的生产经营水平、企业的行政管理水平、职工的思想道德水平、企业的内部生产关系、企业与外部的联系等各个方面,而不仅仅局限于意识形态领域。

第四,企业文化是一种精神信息系统,它首先作用于人,可以对员工人格的健康发展起到促进作用,进而推动企业的整体发展。

第五,企业文化即企业精神。它是以企业为主体的深层和广义的文化,是企业的无形资本,是重要的经营资源,它涵盖了企业在生产经营中所形成的群体意识、传统作风、行为准则、道德规范、价值观念以及员工的整体素质,具有很大的凝聚力和渗透力,是企业赖以生存发展的精神力量。

第六,企业文化是一种精神现象学。它是企业在生存与发展过程中所形成的思维方式和行为方式,其核心是企业的价值观。

综合以上中外各种观点再结合有关"文化"的定义,我们可以得出以下结论:企业文化包括物质文化和精神文化两部分。物质文化包括企业的设备、产品、技术等方面。精神文化包括了企业全体员工的思维方式、行为方式以及他们的生活态度、工作态度、行为取向、道德水准和价值判断标准等以精神世界为主体的各类文化现象。它是企业文化的核心部分,涵盖了企业生产经营的方方面面,可以说是企业的灵魂。优秀的企业都有着优秀的企业方化,而优秀的企业文化才是一个企业真正的魅力所在。

下面我们就以一些世界知名企业为例,来说明这一点。

海尔公司在某次客户订货会前获悉,国内消费者对分层式冷柜产品需求较多,可他们此前并未设计过此类产品。很多人认为,海尔已错失良机。但出乎他们意料的是,仅仅通过十几个小时的攻关,海尔便让此类产品的样机在订货会上成功亮相,并得到经销商的一致认可,拿到大量订单。

也许在其他企业的管理者看来,这只能用"奇迹"来解释。但对于海尔人来说,这完全要归功于他们卓越的企业文化。

海尔企业文化中最核心的一点就是"优秀的产品是优秀的人干出来的",而这一点早已深入海尔人的心中。对于以上这一"突发事件"的处置,充分证明海尔公司在生产能力、设计能力、技术水准、员工素质等各个方面都已达到了同行业的一流水平,因此才能"处变不惊",各个部门紧密配合,从容应对,最终用最短的时间抢占先机,出奇制胜。试想,如果没有这种强大的企业文化的支撑,而单靠某几个部门的管理人员监管督促,恐怕是很难完成这类其他企业想都不敢想的任务的。

40多年前,美国惠普公司还只是一个设在私人汽车库里的小作坊,只有538美元资本和7名职工。现在,它的年销售额近50亿美元,拥有5000多种产品和7万名员工,并且拥有40多个分公司和200个销售服务点,成了影响遍及全球的跨国企业集团。

　　惠普之所以能够在不长的时间内迅速发展壮大,也是与其强大的企业文化分不开的。惠普企业文化的核心是尊重人的价值。据某项调查显示,惠普 20 位高管中有 18 位认为,惠普之所以成功,主要得益于对人的尊重,他们称之为"惠普精神"。

　　"组织的成就是每一个同事共同努力的结果。"这一点已经被明确地写入了惠普公司的经营宗旨中。他们实行了一项名为"开放实验室备用品库"的制度。这是为了方便工程师们搞试验而设定的。在实行这项制度之后,备用品库门便始终处于开放状态,工程师们可以将任何备用品拿回家中供个人使用。此外,惠普还实行终身雇用制,即使是遇到经济衰退期,也不会裁减员工。当然,为了降低经营成本,他们会在这类非常时期采取全员减薪制,不过工作量也会有所降低,例如,如果减薪幅度为 20%,那么,工作量也会相应减少 20%,就连总经理也会不例外。走动式经营是"惠普精神"的又一大重要表现。惠普提倡主管人员在与下属沟通时,形式应不拘一格。例如,可以在"巡视"或"喝咖啡"的过程中轻松地发现和解决一些重要问题。惠普公司还允许员工不拘礼仪,不论是对上司还是对下属皆可直呼其名,这样便拉近了人与人之间的距离,让大家在一种家庭式的、其乐融融的氛围中更好地完成工作。他们还给员工以充分的自由,实行弹性工作制,让每个员工都可以根据自身的实际情况,自由安排时间来完成工作,充分满足了不同生活习惯的员工的需求。

　　位于美国加利福尼亚州北部的"硅谷"云集了众多的高科技企业,硅谷企业的成功举世瞩目。他们的成功同样得益于他们拥有着独一无二的企业文化。硅谷有着一种绝对快乐、进取、自由的创业氛围。硅谷众多的企业拥有着很多共同的企业文化,例如:让工作本身引起员工的兴趣,而不是依靠其他的刺激方式;计算机不是主人,而是奴隶,这样可减轻枯燥重复的劳动;变革不是为了折磨人,而是为了发展,硅谷的各个公司为适应市场的需要,都乐意接受变革的过程;不是以恐惧为动力,而是以理想为动力;尊重员工的人格,他们是创业者的同事,而不是臣民;管理不是控制,而是服务,管理人员只需拥有资产、把握方向,然后就可以放手让员工去做;公司不是机器,而是一个共同体,公司的目标是让每个员工都能实现自我,达成理想;交易不是斗争,而是一种经济方式,只有敢于独树一帜,才有可能立于不败之地。

与上述优秀企业相反,当我们将目光投向那些失败的企业时,常常会发现,这些企业虽然也有着自己的企业文化,但往往只是流于形式,而没能注入企业的肌体之中。

三鹿集团作为中国老牌的乳品企业,其历史可追溯到 1956 年,并且曾在同行业中创造出了不俗的业绩。他们率先推广"奶牛下乡,牛奶进城"的城乡联合模式,率先研制、生产婴儿配方奶粉,率先实施集团化战略合作和品牌运营,率先在央视黄金时间段播放广告,等等。但是,在三聚氰胺事件中,却充分暴露了他们用户观念和质量观念的薄弱,公司的管理者和员工对产品品质的管理缺乏正确的方法或者是没有严格执行相关规定。员工缺乏正确的价值观,将品质管理视为应对相关检测机构的儿戏,将优质产品送检,却将劣质产品推向市场。

综上所述,优秀的企业文化是企业生存发展的原动力,是企业的核心竞争力。《财富》杂志曾有文章所指出,"世界 500 强"企业之所以强大,根本原因是他们能够给自己的企业文化注入活力。美国哈佛大学教授詹姆斯·赫斯克特和约翰·科特曾对企业文化与企业经营业绩进行过深入研究,他们发现,那些对企业文化相对重视的公司其经营业绩要比那些根本不注重企业文化的公司好得多。

企业文化可以帮助企业解决很多具体问题,并由此提升企业的整体经营业绩。经济学家魏杰先生说,"企业文化不是搞给外人看的,而是重在解决企业存在的问题。"本书以下章节,也正是立足于这一点而展开的。

企业文化的形成过程,也正是企业自我发现、自我检讨和自我成长的过程。因此,我国著名的经济学家于光远说:"关于发展,三流企业靠生产、二流企业靠营销、一流企业靠文化"。通用公司前 CEO 杰克·韦尔奇说:"健康向上的企业文化是一个企业战无不胜的动力之源"。

2. 企业文化理论的沿革

作为企业管理思想的衍生品,企业文化是管理学家和经济学家在对企业现存的价值观念、经营哲学、管理意识等实践活动进行分析、概括和总结的基础上所形成的高度理论化、系统化的指导体系,它在形成之后又重新作用于企业的实践活动。可以说,企业的经营管理思想与企业文化是相辅相成、密不可分的。因此,企业文化理论的产生和发展与企业管理理论的发展是平行的。

由于我国历代封建王朝多实行"重农抑商"的政策,对工业和手工业的发展构成了一定阻碍,未能形成规模化集中生产的局面,自然也就无法形成关于企业管理的理论。而西方的管理理论是在工业革命之后才逐步形成和完善的。其发展过程大致如下:

从 18 世纪中叶到 20 世纪初,资本主义世界经过两次工业革命的洗礼,由原来手工作坊生产转变为机器化大生产。由于生产场地的日趋集中和工人数量急剧增加,分工与协作便显得越来越重要。英国哲学家和经济学家亚当·斯密在对这一现象进行长期的观察、实践和思考之后,于 1776 年出版了《国富论》一书。书中提出了一套"古典管理理论"。该理论对经济效益与分工协作的关系以及分工协作的运行机制进行了深入探讨。不过,由于这一时期科学技术还较为落后,机器设备明显不足,因此,廉价劳动力就显得过剩。由此而来的,是资本家管理方式的粗放与落后。他们往往只凭借自己的判断和经验行事,靠体罚和饥饿来操控工人,为了达到利益最大化的目的,还会刻意地延长劳动时间,增加劳动强度。因此,劳资矛盾异常尖锐。后来的学者将这一阶段的企业文化形象地概括为:皮鞭加饥饿!

从20世纪初到20世纪30年代,由于科技的进步,资本主义生产发展迅猛。由于生产规模的不断扩大,劳动力资源日渐紧张,但工人与资本家之间的矛盾却未能得到有效解决,因此,很多企业的劳动生产率都十分低下。

在这一时期,以泰罗和福特为代表的经济学家和管理学家提出了一些较为科学的管理理论。

泰罗在对工人的劳动时间和工作效率进行充分研究的基础上,总结出一套较为科学的管理方法。1911年,他出版了《科学管理原理》一书。该书的核心思想是:要想提高劳动生产率,就需要对工人的操作动作进行精确研究,依照最为经济、最为合理的原则,对各类工种进行科学划分,对劳动方法进行规范,并制定出相应时间标准。有差别的计件工资制便是由此产生的。

作为通用汽车公司的老板,福特在他的管理实践中总结并推行了一套名为"效率工资"的管理模式。这一管理模式的核心内容就是让工资与效率挂钩。同时,他还采用了流水线作业方法,让生产效率有了大幅度的提高。通用公司也由此成为全球汽车企业的龙头。

按照这一时期的此类工资制度,工人中工作达标者可获得奖励,反之则会被淘汰或罚款。他们一方面被物质奖励所吸引,另一方面对惩处制度心存戒惧,因此,自然不敢懈怠,企业的整体劳动生产率自然有所提高。

但这种管理方式仍有不足之处。它依然只是将工人与机器划等号，并没有把他们当作人来看待，没有顾及他们的心灵感受和人格需求。所以，也只能是昙花一现，无法被工人们真心和长久地接受。这一时期的企业文化特点，可以形象地概括为：胡萝卜加大棒。

从20世纪30年代起到"二战"结束，资本主义世界的经济学家和管理学家已经越来越注意到员工的工作态度、心理状态对企业生产效率的影响。因此，他们将研究的重点放在了工人的心理和精神世界，并提出了一套"人际关系理论"，后来被称为"行为科学"。

在这套理论中，工人不再只是传统意义上的"经济人"，而是处于复杂社会关系中的"社会人"。也就是说，一个管理者不但应当考虑工人的物质需求，还应当考虑到他们的精神和心灵的需求。在工作中，要让他们获得归属感、安全感，要让他们感受到公平、公正、友爱、和谐，要让他们在工作中体现出自己的人生价值，获得最大的成就感，获得他人的尊重。当这些需求都被满足之后，员工就已经与企业融为一体，企业的生产效率也自然会有所提高。

这种管理学理论与后来的心理学家马斯洛所提出的"需求层次理论"，可谓异曲同工。这也说明，不论是在企业管理过程中，还是在更为广泛的社会管理过程中，"人"的因素都是至关重要的，管理者应当时刻坚持以人为本的管理理念。

在此基础上，美国管理学家麦格·雷戈又有所推进。他将那种把工人视为机器的辅助工具的古典管理理论称为 X 理论。这种理论认为，工人总是被动工作的，因为从人性的尺度来衡量，他们都是懒惰的，只有靠恐吓和惩罚的方式才能让他们投身到工作中。

因此，麦格·雷戈在他的《企业的人事方面》一书中，针锋相对地提出"Y"理论。"Y"理论认为人的行为受动机支配，因此不能说人只是被动的。管理者要想让员工的工作效率有所提高，必须要从他们的本性中激发和诱导出动力。因此,创造一定的条件来满足不同员工的多层次需求,协调处理好组织中的人际关系,就成了一个管理者的工作重点。行为科学理论使管理的核心变成了"人",这是企业文化理论产生和发展的基础。这一时期的企业文化特点可以称之为:金钱加感情。

从 20 世纪 50 年代起,日本的工业企业普遍推行了质量控制和质量管理,从而使日本制造的产品以其过硬的质量蜚声世界市场。但关于质量管理的理论却是由美国人戴明最先提出来的。

戴明是"全面质量控制"这一概念的提出者,也是全面质量管理理论最有影响的倡导者,这一理论在美国家渝户晓,但日本人却独得其精髓。他们于 1951 年设立了"戴明奖",这种对质量管理的高度重视,对他们在战后短时期内实现经济全面复苏有着重要影响。

全面质量控制理论认为,在工业生产中,之所以会出现这样那样的问题,根本原因是管理者没能消除浪费现象和产品制造过程中的差错。所以,必须要利用顾客导向,注重人本思想,重视团队合作,从整体上全面消除不良因素。

这一管理理论融合了"人本主义"和"科学管理"理论的积极因素,可以将企业的制度因素与人的因素进行统筹考虑。当它进一步与日本企业中传统的精诚合作精神、团队文化、员工持股、终身雇佣制等因素相结合时,就产生了让人叹为观止的巨大效力。因此,这一阶段企业文化的特点就是:质量与控制。

20 世纪 90 年代初,DELL 公司提出了个性需求理论。虽然这一理论尚欠成熟,但由于 DELL 公司已做出了表率,因此,这种新的管理理论得以迅速传播。随着互联网和电子商务的发展,个性需求理论受到了前所未有的推崇,在各种类型、各种规模的企业都引起巨大的反响。

对于顾客的独特需求进行迅速而便捷的迎合与满足,是个性需求经营理论的核心。

在经济全球化背景下,商品流通更为迅速和广泛,卖方市场越加膨胀,人们对商品的选择余地大大增加,那种传统的、只为迎合大众需求的经营理念显然已跟不上时代的步伐。抱着这种陈旧理念的企业,只会去生产、销售那些最大众化的商品,希望能够借此将经营风险降到最低。事实上,这是一种南辕北辙的做法。因为,据资料显示,当今社会人们对个性化商品的需求显然更为突出。很多消费者在选择商品时的首要前提,就是能否满足他们的个性需求。近八成的大众化商品无法引起人们的注意! 当企业经营者因为那些大众化商品的滞销而不得不绞尽脑汁寻求促销手段时,不知是否考虑过,他们完全可以把这些时间花在开发个性化商品身上。

在全社会都在追逐"多元化"和"个性化"价值观念的今天,很多优秀企业的经营理念都做出了调整,它们的企业文化中更多地融入了满足消费者个性化需求的内容。美国未来学家约翰·奈斯比特认为,人类正处于一个前所未有的时期,而新的经济需求和新的价值观念这两大影响社会变革的决定性因素都已经出现。因此,满足个性需求的企业文化必然会成为一种潮流,其特点就是:突破与创新。

3. 企业文化的层次与结构

关于企业文化的层次与结构,历来有很多种划分方式。最常见的一种是,将其分为物质、制度和精神三个层次。

企业文化的物质层是其表层部分,它是企业所创造的物质文化的集中展示,也是形成企业文化的制度层和精神层的基础。

企业文化的物质层大致包括企业的名称、标识、徽章、旗帜、服装、标准色、标准字和象征性的建筑、歌曲、花卉以及企业的自然环境、生产和办公场所的布局、产品的风格特色、技术工艺水准、文体设施建设、企业发行的纪念品等。此外,随着现代传媒种类的不断丰富,企业形象的宣传途径也越来越多,如招贴画、广告牌、宣传册、宣传栏、互联网、闭路电视、有线广播、自办报刊等,也都属于企业文化的物质层。

制度层是介于物质层和精神层之间的中间层次。主要是指对企业员工的行为和企业组织产生约束性、规范性影响的部分。它所体现的是企业文化的物质层和精神层对企业组织和员工行为的要求。它规定了企业全体成员所应遵守的行为准则,只有在这些准则的规范和约束下,企业才能保持最佳的生产经营秩序。

企业文化的制度层主要包括企业的一般制度、特殊制度和企业风俗三个方面。

一般制度指在企业生产经营过程中所形的责任制度、管理制度和工作制度。它们具有一定的普遍性,是对企业所有管理人员和普通员工都适用的。一般制度包括按劳取酬的分配制度、职代会制度、岗位负责制度、财务管理制度、劳动管理制度、人事管理制度、业务管理制度等。

特殊制度是指那些非程序化制度。它比一般制度更能反映出企业的管理特色和文化特色,如干部员工平等对话制度、总结表彰制度、员工评议干部制度等。

企业风俗主要指企业在长期的生产经营过程中延续下来的约定俗成的活动、节日、习惯、行为、仪式、典礼等。如微软公司"不打领带"的文化便是一种企业风俗。

微软对员工的着装方面没有任何硬性要求,不但在日常工作场合,甚至在重要商务活动时都不必西装革履。有一次,他们和 IBM 公司进行商务谈判,为了不让对方感到唐突,微软公司的谈判人员特意穿上西装、打起领带。可让他们没有想到的是,双方会面时,IBM 的谈判人员竟然都是清一色的休闲服饰,因为他们也希望对微软"不打领带"的风俗表示出一种尊重。这个例子已经成了全球商业领域流传很久的"笑话",但这正说明企业习俗也是企业整体形象的重要组成部分,是企业文化的重要体现。

企业文化精神层是指企业的各级管理人员和普通员工共同拥有的精神风貌、职业道德、价值标准和基本信念。它是企业文化的灵魂和核心内容。

企业文化的精神层主要包括以下几个方面。

首先是企业的经营宗旨,它是指企业作为一个经济单位对整个社会的责任与承诺,也就是一个企业的存在价值。

其次是企业道德。企业道德不但是用来规范和调整企业内部员工之间、企业各个部门之间以及个人与组织之间关系的行为准则,而且也是规范和调整本企业与其他企业及整个社会之间关系的行为准则,是企业实现其经营宗旨的重要保证。

第三,企业风气。企业风气是影响整个企业生活的重要因素,是指企业及其员工在生产经营活动中逐步形成的一种重复出现且相对稳定的带有普遍性的行为心理状态。

第四,企业精神。企业精神不是凭空出现的,它是企业在发展过程中有意识地培养和提倡的员工群体的优良风貌,是对企业现有的行为方式、传统习惯、观念意识中的积极因素的总结、提炼和倡导。

第五,企业的经营哲学。它是指企业管理者对企业发展战略和策略、生产经营方针、长远发展目标的哲学性思考,是企业管理者在生产经营过程中为实现企业目标而抱有的基本信念。

第六,企业目标。企业目标是企业共同价值观的集中表现,是企业全体员工凝聚力的焦点,是企业全体员工的共同追求。它是企业文化建设的出发点和归属,反映了企业领导者和员工的追求层次和理想抱负。

以上三个层次是互相影响、互相制约、紧密联系的。物质层是制度层和精神层的物质基础,是企业文化的载体和外在表现。制度层则是进行物质层和精神层建设所必不可少的约束和规范,企业文化建设如果缺少严格的规章制度,只会流于空谈。精神层则是企业文化的核心和灵魂,是形成物质层和制度层的思想基础。

4. 企业文化的营造与维护

企业文化虽不能与经济效益直接画等号,但它确实是企业健康发展的关键因素。因此,企业文化的营造与维护便显得十分重要。

营造企业文化的终极目的,是要用文化力创建生产力,增强企业的创造力、执行力和凝聚力,从而提升企业的核心竞争力。一个企业要想在激烈的市场竞争中立于不败之地,就必须全力营造有自己特色的企业文化,唯有如此才能实现快速、全面、可持续的发展。

营造企业文化的前提是,企业的管理者,特别是高层决策人员,必须提高对企业文化重要性的认识。企业文化是经济发展中最具活力的因素,是整个社会文化创新的重要内容。营造企业文化,要以发展先进生产力为基础,要把提高员工的思想道德水平和科学文化素质摆在突出的位置。企业高层管理人员要有大局意识,要带领员工从根本上树立服务社会的理念。这是一个企业存在的终极价值,是一个企业的灵魂。如果做不到这一点,即使能够取得了一些暂时利益,也必然会在长久的生存考验中失去活力,无法在竞争中始终保持旺盛的战斗力。

营造企业文化必须首先营造良好的学习气氛。

人的因素在企业文化建设中至关重要。员工的言行举止与其道德观念和思想觉悟密不可分。只有创造必要的条件，让他们树立正确的价值观、世界观和人生观，才能让企业文化扎根于每个员工的心灵深处，否则只能是纸上谈兵。

要达到这一目标，唯一的途径便是学习。要通过各种生动活泼的教育方式，使员工树立企业观念、行业观念、民族观念、国家观念，培养他们的协作意识、责任意识、奉献意识和大局意识。特别是要以那些知名企业为典范，甚至可以将它们假想为竞争对手。在日常生产经营的各个细节中千方百计地超越这些典范企业。将这些企业的员工所体现出的团结协作、诚实守信、乐于奉献、爱岗敬业等优秀品质移植到自己身上，提高自身的业务水平。同时，还要注重发掘和树立本企业的模范人物，以他们的业务水准和人格魅力来影响和感染更多的员工。用榜样的力量来激发全体员工的潜在动力。

除了营造良好的学习氛围之外，强化目标教育也是营造企业文化的重要手段。

目标教育不仅是指企业的管理人员要将企业面临的形势和任务向员工讲解清楚，而且还包括向员工表明在目前情况下要达到目标所面临的困难和问题。只有这样，才能上下一心共同努力寻求解决问题的方法。也就是说，要让全体员工的思想和行动与企业的发展思路相统一。

而要做到这一点，又必须加强员工的个人目标教育。要让他们有远大的抱负，有方向感，有压力感。只有如此，才能增强其紧迫感、使命感和责任感，员工的个人潜能才能被充分挖掘出来。当目标达成之后，员工的人生价值和社会价值会得到相应的体现，企业的凝聚力也会因此而增强。企业的文化建设也会走上良性发展道路。

营造企业文化的另一个重要方式是突出人本管理。

作为一种现代企业的系统管理方式，人本管理的核心内容便是以人为中心，尊重员工人格、依靠员工智慧、开发员工潜能。

管理者要为员工创造和谐的工作氛围，通过各种民主管理方式，如召开职代会、企务公开等，拉近与员工的距离。让员工有质询权、监督权、建议权和知情权。要设身处地地考虑员工所面临的困难和问题，千方百计地加以解决。要丰富他们的业余文化生活，举办各种各样的竞赛和活动。管理者也要提高自身修养，要以身作则去影响下属。总之，要让员工对企业有一种家的感觉，这样他们才能真正将自身与企业融为一体，才能真正投身于企业文化的建设之中，企业文化才能够具有长久的活力。

营造企业文化的一项重要内容就是塑造企业的价值观。

企业价值观即企业的价值取向。它是企业在追求经营成功的过程中所推崇和信奉的基本行为准则，是企业文化的实质、核心和基础。企业价值观是由企业和员工的需要构成的价值体系，是企业内部的绝大部分人共同认可的价值观念。

企业价值观的塑造可以从两方面着手。首先是求得员工的认同和理解。这就需要对员工的企业意识进行培养。让他们对企业的特征和性质有明确认识，对企业的历史、现状、发展有所了解，并由此培养出一种责任感和使命感，使他们的价值观与企业的价值观始终保持一致。其次是管理者的引导和规范。管理者要以自身的影响力让员工始终保持对企业文化建设的浓厚兴趣。要与他们分享管理心得，要制定各种能体现企业核心价值观的奖惩制度，要身体力行、坚持不懈地向他们灌输企业的优秀文化，使之不断传承下去。

要想让企业的优秀文化得到维护和发展，首先是选拔和培养高素质的管理人员。这些人员必须要对企业的文化有高度的认同感，唯有如此才能起到领头羊的作用，将企业的优秀文化灌输到每一个员工的身上,让他们都具有清晰的目标感和价值观,创造出更高的经济效益和社会效益。

　　其次是要营造出一种高度信任的工作氛围。在这一点上,很多跨国公司都做出了很好的榜样。在这些公司里,很多重大项目都是由一些年轻的经理来负责承担的,这在国内的企业非常罕见。之所以要指出这一点,是因为,相互信任是企业与员工最有效的黏合方式,很多才华横溢却默默无闻的人往往会因为某种简单的信任,而将自己的能量毫无保留地奉献给他们的伯乐,因为伯乐给了千里马体现自我价值的机会。这些年轻管理者的成长过程也是对企业文化的认识和发展的过程。青年管理人员如此,普通员工也是如此。当企业与员工之间达到一种高度信任时,两者无形中便合二为一,企业文化的维护也就有了一种长效机制。

　　管理者要想让企业文化深入每个员工的灵魂深处,有效沟通是必不可少的。而两者之间的直接沟通则是所有沟通方式中最立竿见影的一种。

　　由于受传统文化影响,中国企业的内部组织往往等级森严,这在客观上限制了人与人之间的交流。对于上级指令,下属不敢有丝毫质疑,这是很多弊端产生的根本原因。

　　事实上,管理层与普通员工的直接沟通,不但不会有损领导者的威严,而且更能博得员工的好感。在这个过程中,管理人员既可以及时了解生产经营真实状况,也可以现身说法,面对面地向员工灌输企业的文化理念,可谓一举两得。更重要的是,可以真正了解企业文化建设中存在的问题,以便找到切实可行的应对办法。只有依靠企业每个员工的认同和维护,企业文化才能保持长久的生命力!

5. 各国企业文化的特点

企业文化是影响现代企业发展的重要因素。优秀的企业文化可以帮助企业提升核心竞争力。在印度、日本、美国等国家,一些知名企业都有着独一无二的企业文化,特别是具有独特而鲜明的核心价值观。我国企业在文化建设方面存在着诸多问题,如重形式、轻内涵和缺乏创新,等等。在企业文化建设中,只有对传统文化精华进行深入挖掘,再结合自身特点,从而营造出一种适合本企业发展的文化,才能不断提升企业的竞争力。

如何提高企业竞争力是企业发展的核心问题。良好的企业形象和先进的企业文化是企业的无形资产,是提升竞争力的主要因素。目前,在企业竞争力评价指标中,企业文化所占的比重已越来越大。企业文化的发展与企业竞争力的提升日益呈现出相辅相成的趋势。因此,实施企业文化发展战略,可以让企业保持持久的竞争力,促进企业的持续健康发展。

与美国和日本等发达国家一样,一些发展中国家的优秀企业也已经具备了独特的企业文化,特别是具有了能体现自身特点的核心价值观。在这种价值观的引领下,这些企业大都已发展成为具有国际竞争力的企业。其中,印度企业与传统文化融合得较为紧密,并在此基础上形成了自己独具魅力的企业文化。

在全球最具竞争力的是美国的跨国企业。这些企业有着一个共同的特点,即它们的背后都有一个优秀的管理团队。这些团队能够营造出与企业发展相适合的、可以持续提高企业竞争力的企业文化。

重视个人价值的实现是美国企业文化的特点。苹果电脑公司认为,应该寻找每个员工思维的闪光点,充分开发他们的智慧潜能。只有人人都来参与企业文化建设,企业才能不断开发出具有轰动效应的新产品。当个人价值得以实现时,企业的整体目标也就可以实现。

提倡竞争和奉献是美国的企业文化另一个主要特点。只有开展竞争,员工中才能出人才、出成果、出效益。为充分发掘员工的潜力,美国企业会给他们搭建各种良性竞争平台。只有具备了奉献精神,企业员工才能真正将企业整体利益与个人发展结合起来,全心全意地投身于工作之中。

美国企业文化还具有另一个特点,即提倡利益共享和创新。美国的许多企业为增强员工的归属感,提高他们在企业的地位,会实行股份制,也就是给员工分配股份。美国的高科技企业之所以能始终处于世界领先地位,主要是因为他们有着激励创新、秉承创新的企业传统,创新就是这些企业的生命。

日本企业也很重视文化建设。日本的企业文化主要有以下几个特点:第一,要民族的精神与欧美的技术相结合,这是日本企业文化的核心。日本近代企业家经营活动的指导思想就是将两者完美地结合起来。第二,有着显著的家族主义特色。家族主义是指在企业管理中植入家庭的伦理道德,企业的一切管理活动都是以保持企业这个大家庭的和谐为宗旨,充分发挥大家庭的力量,维护大家庭的利益。在企业管理过程中,家族主义观念表现为提倡和谐的人际关系和团队精神。因此,日本企业文化的核心是以和为贵的思想。第三,以人为中心。日本企业管理过程中,会对生产关系进行多方协调,正确处理劳资矛盾,提高员工的主体意识,实现劳资和谐,让企业成为一个命运共同体。

印度的企业文化主要表现为行业文化、人本文化、信用文化、精英文化和家族文化。印度的一位前财政部长曾说过,印度有三种经济,一种是以老牛车为代表的最为陈旧的经济,一种是为砖瓦泥匠代表的比较陈旧的经济，还有一种是以信息技术动力的新经济。这三种类型的经济体系中，家族企业、私营企业均占绝大多数。但是，这些企业不会盲目地遵循家族接班的传统制度。如果某个家族没有培养出精英，那么它的产业就会交由家族外的精英来打理。这样，精英文化与家族文化就形成了优势互补，可以保证企业走上持续健康的发展道路。信用被印度企业认为是生存之本。他们不但会在与其他企业的交往过程中体现出自己对信用的珍视，而在对待员工的问题上也会如此。他们会积极听取并采纳员工意见，为员工谋求利益，严格遵守与员工签订的合同，这就是印度企业中的人本文化。广泛加入行业协会是印度企业的另一大特点。他们团结一致，注重自身在行业中知名度和美誉度。此外，他们还提倡回报社会，重视企业的社会效益，严格遵循行业规范，以此来提升企业的公众形象。

上述三国的企业文化有着以下几个共同特点：

首先，本国的优秀文化传统是企业文化的根源。美国人向来推崇个人主义。因此，个人价值在企业文化被摆在首位，企业会努力发掘员工潜在价值，让他们做到人尽其才，扩大他们的发展空间。家族观念较重是日本和印度文化的特点，因此，在这两个国家的企业文化中也突出体现了这一观念。他们在企业管理中融入家族主义，使之成为一种文化。这保证企业策略的一致性，在一定程度上降低了管理难度。

其次，将回报社会视为自己应尽的责任。这是上述三国企业文化的共同特色。企业是社会的一分子，而不是一个独立的个体，企业要想持续发展、长期盈利只有首先获得社会的认可和支持。企业要想提高自身的美誉度和知名度，就必须积极地奉献社会、回报公众。企业与社会间的良性互动，既能造福于社会，又有利于企业自身。

最后，提倡员工对企业的荣誉感，重视提高员工的归属感，是这三个国家企业文化的另一大共同点。只有做到这一点,员工才能在工作中找到乐趣并心甘情愿地为企业做贡献。

随着我国企业的生存环境由计划经济体制向市场经济体制转变,企业间的竞争也从单纯的产品竞争和服务竞争转向更深层次的文化竞争。我国的企业因为这种转变而不断发展壮大。但与许多国际知名企业相比,在文化建设方面,它们还存在着明显不足。

首先是企业文化建设轻内涵、重形式。虽然我国很多企业都有自己的企业文化,但这些"企业文化"往往只停留在口头上或宣传材料上,没有真正体现在企业的日常经营管理和决策过程中,没有真正形成企业特色。例如,有的企业虽然将敬业、务实、责任等作为企业文化的核心内容,但员工却常常会消极怠工,工作极不严谨,有的员工没有责任心,不爱惜公司财物。究其原因,在于企业文化没有真正深入员工的内心,只是流于形式。另外,我国一些企业对所谓"文化"的表述和贯彻不切实际,过于追求形式,无法被广大员工所理解和接受,这样的企业文化就失去了本质的意义。

第二,企业文化建设缺少创新。企业文化理论源自西方发达国家。在我国加入世界贸易组织后,国内企业采用了许多西方国家的管理理论,这原本是好事,但不顾企业实际情况,一味模仿西方国家管理模式,特别忽视了我国传统文化中的精华部分,这是我国企业在文化建设中陷入的一大误区。这样的管理理念并不利于企业的发展,因为企业文化发源于民族文化,企业所吸收的外来文化必须与本国的传统文化相融合,否则就会缺乏真正的生命力。企业要根据文化差异来发挥自身优势,失去这一差异就等于削弱企业的竞争优势,这对企业发展极为不利。作为一个历史悠久的文明古国,我国有着许多优秀的传统文化。这些传统文化需要认真发掘,并融入企业文化中。因此,我国企业对于西方企业文化理念不应照单全收,应根据自身的实际情况,合理取舍,并加以创新,这样才能营造出有利于企业发展的、具有鲜明的自身特点的企业文化。

第三,企业文化建设等同于思想政治工作。改革开放三十多年来,虽然国家一直在致力于"政企分开",但很多企业的文化建设还是从思想政治着手,将企业文化建设等同于思想政治建设,不利于企业的发展。

构建有中国特色的企业文化应采取以下对策:

首先,要构建以人为本的和谐的企业文化。

归根到底,企业是人的集合,企业管理也就是对人的管理。美国的企业文化强调实现员工的个人价值,为员工构建公平的竞争平台,发掘他们的潜力。日本企业文化中"和为贵"的思想促进了团队的协作,发挥了整体的优势。印度企业文化中的人本文化、精英文化无不将人摆在企业发展的关键位置。因此,构建以人为本的和谐企业文化应该成为我国企业文化建设的方向。要营造这样的企业文化,首先要重视人才培养和人才引进,要全面提高员工队伍的素质。

万科公司是我国最大的房地产公司之一。万科高层始终认为,企业的核心竞争力和最重要的资源就是人才。董事长王石说,人才是一条理性的河流,哪里有谷地,就会向哪里汇聚。人才引进和培养始终被摆在万科公司发展的首位。他们不惜成本建设人才培训机制,这一点让万科受益匪浅。万科公司之所以具备源源不断的发展动力,正是因为他们有着良好的人才储备。此外,他们在努力为员工创造舒适的工作氛围,增加员工的归属感,这是构建以人为本的和谐企业文化的重要内容。唯有如此,才能提高员工的归属感,员工才会真正把企业当成自己的家。我国知名的服装企业雅戈尔公司便致力于构建一种"将所有员工视作亲人"的亲和文化。以顾客为本,以服务社会为本是构建以人为本的和谐企业文化的基本要求。只有这样,才能赢得良好口碑,才能有更好的发展,才能最大限度地保障员工的利益。

第二,将企业文化建设的标准化与人性化相结合。

人性化是指企业管理者要以身作则,以自身的道德修养去感化员工,在员工的评判标准中融入道德观念。标准化指建立健全企业的规章制度。要想让员工提高工作的目的性,明确自己的职责,首先必须要建立完善的制度。有些企业常会将人性化与标准化对立起来或割裂开来。实际上只有将两者有机结合,员工的积极性才能最大限度地发挥出来。不注重员工思想道德建设而过分强调标准化建设,会使管理趋向于形式主义,会让员工觉得企业缺少人情味,不懂得体谅自己,企业会因此而失去发展的动力。但如果忽略制度建设,一味强调人性化,会导致管理无方、工作懈怠,更为重要的是,无法真正了解员工的个人潜力,提高他们的工作能力。

第三,在继承传统的基础上构建符合时代特征的个性鲜明的企业文化。

美国、日本、印度三国的企业文化之所以能够健康发展,首先是因为它们都很好地继承本国的文化传统。没有哪一家企业的发展是可以脱离自己国家的传统文化而独行其是的。因此,与本国社会文化传统相结合是企业文化建设一条主要途径。作为一个历史悠久、文化灿烂的文明古国,我们的国家有着取之不尽、用之不竭的精神财富。例如,企业应该将传统文化中所倡导的信义作成为自己活动的准则。儒家思想中的家国观念也可解读为,经济建设是一个企业对于国家的责任,企业应在自身发展的同时努力回报社会,为国家做贡献,只有国家强大了企业才能稳步发展。海尔集团总裁张瑞敏喜欢在企业文化建设中融入《道德经》、《孙子兵法》、《论语》中的传统文化思想,培育出一种充满浓郁的传统气息的企业文化,提炼出"日事日毕,日清日新"、"人人是人才,赛马不相马"、"管理无小事"等管理理念。他要求员工要抱有"敬业报国"的信念,倡导"追求卓越,永不满足"的企业精神。海尔文化正是在继承我国优秀文化的基础上才创造出令世界叹为观止的业绩。目前,哈佛大学 MBA 课程中已经将海尔模式作为案例,海尔企业文化也成为中国型企业文化的典范。

第二章

企业文化与日常管理

1. 企业文化与创新机制

创新是企业的生命力。企业的创新活动是指企业在质量上的发展,主要涉及企业的效率改进问题,具体包括管理创新、组织创新、市场创新、技术创新和制度创新等内容。

在市场经济条件下,任何企业都不可能是单一的个体,而是整个社会有机体中的一个细胞。它的存在与发展需要一种推动机制,这便是企业的经营机制。而作为企业生存和发展的重要动力的创新活动,也需要一种推动机制,这就是创新机制。创新机制是企业文化的重要组成部分。

所谓创新机制,就是企业对创新的不断追求,并使之形成"制度化"的运转方式。企业创新活动是一个永无止境的过程,也是一个牵一发而动全身的过程。要保证这一过程的顺利完成,只有依靠有效的创新机制。我国目前的大多数企业,创新能力普遍不高,不是因为缺乏创新意识,而是因为没能建立起有效的创新机制。

企业创新机制是一个庞大的体系,主要包括动力机制、运行机制和发展机制三个部分。

　　企业创新的动力通常来自于市场、科技和政策。市场需求和市场竞争是导致企业创新的最直接因素。当市场上某类商品需求量增长，而生产此类商品的原材料、人力资源等要素出现短缺时，往往需要企业管理者寻求新的替代要素，因此创新也就迫在眉睫。当市场竞争对企业构成威胁时，企业管理者也必须考虑从产品质量或种类等方面进行突破，才能战胜竞争对手，这同样也需要创新。而这种创新往往需要依靠科技作为推动力。没有研发机制的保障，创新也无从谈起。当市场条件、科技条件都具备之后，企业还必须要制定出相应管理政策来激发员工的创造力，否则就只能流于空谈。

　　运行机制的创新包括管理制度、组织机构和运行程序三个方面。良好的运行机制，可保障企业创新活动的持续、高效进行。要完善管理制度，健全组织机构，有效地进行信息反馈、控制、指挥、决策等。此外，还应该有合理的人才结构，做到既能调动各种资源，又能在创新过程中进行有效协调和管理，让整个组织系统达到有机运行，人尽其才，物尽其用。各自为政、条块分割等现象是很多企业的顽疾，是企业创新的严重阻碍。如果企业管理者不能有效解决这一问题，则无法建立起信息、知识共享的合理机制，企业的整体创新能力也无法提高。

　　发展机制的创新是指企业对内、外两部分资源进行充分挖掘利用，在信息、资金、技术、人才等方面不断推陈出新。在科技日益发展、竞争日趋激烈的今天，企业的生存压力越来越大，如果不能与时俱进、不断创新，不能处理好目前生存与长远发展的关系，则无法长久立于不败之地。

　　上述三种创新机制是一个有机联系的整体，而非简单叠加。只有将这三种机制形成一个高效的系统，企业才能具有强大的生命力。企业只有健全创新机制，才能不断地将物质、技术、信息、知识转化为产品，满足用户的需求，才能最终实现资产增值，保持竞争优势。

英特尔公司作为世界计算机产业的领军企业,其技术更新的周期之快令人咋舌。他们依靠自己的技术创新能力,以迅雷不及掩耳之势对微处理芯片不断进行更新换代。其他计算机公司只能亦步亦趋,因为他们必须要使用英特尔制造的计算机核心部件。英特尔就是以惊人的创新速度,让自己在同行业拥有不可动摇的地位。

海信集团的前身是成立于 1969 年的青岛无线电二厂,建厂初期是一个只有 10 多名职工的微型企业。现在它已成长为一个特大型的信息产业集团公司。海信企业文化的核心是"创新就是生活"。下面,我们就以海信集团为例,探讨一下企业在构建创新机制的过程中应当注意的几个问题。

首先是决策者选拔和养成。创新建机的构建与决策者的战略眼光密不可分。决策者是企业创新的内在推动力。1995 年,不满 40 岁的周厚健出任海信集团总裁。在很多人看来,他年纪太轻,不足以担当重任。但就是这样一位年轻人,率领海信一路斩关夺隘,取得了令同行叹为观止的业绩。事实上,大胆起用有潜力年轻人充实决策层,也是一种制度创新。正是因为年轻,周厚健才没有被某些陈腐的观念所羁绊,才会敢闯敢拼,才会更容易接受新的管理理念,才会更具创新意识和长远眼光。这也是海信集团能由小到大、由弱到强,从优秀走向卓越的一个重要因素。

其次是对市场要有清醒的认识。市场竞争是企业创新的外在动力。市场如同一条无形的鞭子,它让企业决策者时刻保持一种如芒在背的感觉,优胜劣汰,适者生存,竞争中充满机遇,更充满挑战,如果一个决策者面对市场的风起云涌,不知变革,疏于创新,因循守旧,其结局可想而知。

对此,海信集团构建了面向市场的研发系统。海信技术中心是集团的"要害部门",享受很多特殊政策。技术中心每年都享有充足的研发费用,这些款项由集团公司和各子公司拨付。每当集团要涉足一个新领域,都要先经过技术中心充分研究论证。只有当人才、技术等条件均成熟之后,才会成立新公司。事实上,技术中心已成为了集团新技术与新产品的母体。海信空调公司、软件公司、计算机公司都是这样建立起来的。这一思路对海信的技术积累与远景规划提供了保证。技术中心成了海信集团技术人才成长和技术创新的源头。此外,海信集团也会积极引入外部力量,完善和补充自身的不足。

第三,企业创新的基础是创新实力的开拓。首先是创新资金的保障。从 1993 年开始,海信投入研发经费 3 亿元、技改经费 7 亿元,建立了国内一流的 CAD 工作站、电波暗室、消声室等现代化实验设施。

此外,人才储备也是创新实力的重要体现。海信对于吸引人才、用好人才、留住人才有一套行之有效的办法。

截止到 1998 年,海信技术中心已拥有研究所 12 个,科技开发人员 400 多名,其中 10 多人享受国家津贴,10 多人具有高级以上职称,承担国家技术创新重点计划项目 4 项。1998 年,海信共推出并鉴定 111 项新产品,平均每周推出 2 个。

虽然 1998 年的全球经济环境较为恶劣,但海信并没有因此而停止创新的步伐,反而有所加快。他们成立了新上软件公司,设立博士后流动工作站。这一年,海信取得最总产值 109 亿元,销售收入 82.3 亿元,利润为 2.8 亿元的骄人业绩。

经过多年的探索实践,海信形成了以人为本的人力资源开发机制,在“敬人”、“求人”、“育人”、“晋人”、“留人”五个方面都形成了自己的特色,可谓面面俱到。

从 90 年代初,海信便开始通过全国重点大学和人才市场大量吸纳优秀人才。他们对集团的整体创新起到举足轻重的作用。人才已成为了海信的第一资本。

　　在引进人才的同时,海信还注重培养人才。海信在发展壮大过程中所需要的各类人才多数是由内部培养的。他们与国内的一些知名大学签订了长期培养合同,定期选调相关人员参加培训。例如,与航空航天大学联合开办硕士生班,首批便选送30多名科研人员进修硕士学位课程。此外,还会选送科研人员出国进修。后来又根据集团实际发展需求,成立了"海信学院",让人才培训变得更方便、更自由。对于管理和科技岗位的人才,海信会进行长期跟踪培养。这些都足以说明,海信在人才培养方面具有超前意识,也因此增强了集团的整体创新实力。

　　第四,由创新带来的收益,应当在相关人员中进行合理分配,这也是企业创新的内在动力之一。首先要对创新成本,也就是创新活动中所耗费资产和劳动,进行合理补偿。另外要对创新主体,尤其是骨干进行奖励。这一点至关重要。由于从事创新活动必然会承担一定风险,因此,必须要对敢于承担这一风险的人员进行奖励,这样才能调动他们的积极性,并对其他员工产生积极影响,争取让企业的每一个成员都能投身到创新中来,使企业与员工的雇佣关系变成合作关系。

　　海信企业文化倡导"企业是职工的"这一理念。这不简单的宣传口号,而是有许多具体措施相配合的"大政方针"。在让职工深刻感悟到努力工作的必要性的同时,恰当地利用分配杠杆,奖优罚劣,"笼络"人才。例如,集团采取用短期"股票"替代薪资的方式,来激励员工的工作热情。技术中心实行"个人收入与产品效益挂钩"、"能者多劳,多劳多得"、"竞争上岗,课题承包"等激励政策,其中的佼佼者可以享受住房等方面的特殊待遇。对于"专家级"人才,集团会给予股份,这样就可以让他们以股东身份参与集团的创新,使二者的利益结合得更为紧密。对于年轻人,海信不搞"论资排辈",只要有所成就,便可破格使用。正是由于这些措施,海信不但杜绝了人才流失的现象,而且做到了人尽其才,让所有人都找到了用武之地,最大限度地发挥了他们的创造力,使"创新就是生活"的企业文化得以不断传承。

2. 企业文化与诚信意识

　　诚信是中国道德文化的核心组成部分,是中华民族的传统美德。对于一个企业而言,诚信是公众对其进行评判的最基本的标准之一。遵章守法,以诚取信是企业一切市场行为的底线。

　　在市场经济条件下,诚信是企业最重要的无形资产之一,是对企业在道德、法律等方面价值的肯定,是企业自身发展壮大的首要条件和立足之本。企业的诚信度决定客户对企业的满意度和忠诚度,而客户的满意度和忠诚度又直接决定着企业的发展前景。拥有良好的诚信度,是一个企业发展和成熟的标志,也是企业价值观念和企业家人格魅力的体现。从某种程度上说,诚信甚至比物质资源和人力资源更为重要。

　　诚信是企业文化的重要组成部分。诚信文化建设在企业整体文化建设中具有举足轻重的地位。管理学大师彼得·德鲁克说:"大量而广泛的实践证明,在企业的不同发展阶段,企业文化再造是推动企业前进的原动力,但是企业诚信作为企业核心价值观是万古长存的,它是企业文化与企业核心竞争力的基石"。

　　通用电气公司非常注重企业的诚信问题,在给其股东的一封信中,开篇便首先强调:"诚信是我们价值观中最重要的一点。诚信意味着永远遵循法律的精神。但是,诚信也不仅仅只是个法律问题,它是我们一切关系的核心。"

　　格力电器是中国"家电行业典范信用企业"。他们本着对员工、对合作伙伴、对经销商、对消费者、对股东、对社会、对国家的诚信,对各种利益诱惑和商业炒作进行坚决抵制，以冷静坦然的心态，潜心于工业制造和技术创新。格力电器董事长董明珠认为，诚信的价值比经济成本更为重要。他们敢于"让利"。因为让出去的是可以用钱来计算的"小利"，而收获的却是品牌的诚信这一"大利"。格力空调连续 18 年产销量居全国第一，连续 8 年居全球第一、全球用户突破 2.5 亿，2012 年的营业额超过 1100 亿元，净利润 73.80 亿元，成为首家营业收入过千亿的家电上市企业。这一切正是他们维护交易秩序、倡导公平公正、恪守商业道德，矢志不渝地坚持诚信经营的良性结果。

将诚信作为企业文化的核心内容之一，可以对企业的健康发展起到支撑作用，可以推动一个企业从优秀走向卓越。

可令人遗憾的是，中国企业在诚信文化建设方面还远远不尽人意，普遍存在着诚信缺失的问题。中国企业每年由于三角债和出于诚信方面的顾虑而不得不进行的现款交易给企业增加的财务费用、由于制假售假或产品质量低劣造成的各种损失、因逃废债务造成的直接损失均高达数千亿元，由于合同欺诈造成的损失也高达数十亿元，另外还有其他因诚信问题而产生的损失。

诚信缺失增加了企业间的交易成本。在国内，提到信用问题，很多人首先想到的就是银行和信用社之类的金融企业。其实，最基本的应该是工商企业之间的商业信用，在这些企业之间信用危机更为明显。在有些全国性的商品交易会上，不少的企业因不愿采取客户提出的信用结算方式而放弃大量客户和订单，交易方式回归到最为原始的现金交易，甚至是以货易货。这就是中国企业诚信缺失的最好证明。而在欧美国家，信用支付方式已占到企业间交易方式的 80% 以上，很少使用纯现金交易方式。诚信危机正严重阻碍着中国企业的发展。

三鹿奶粉连续 15 年在同行业中独领风骚。然而，却因为三聚氰胺事件而一夜间轰然倒地。企业诚信文化建设也因此再一次成了全社会关注的焦点。企业诚信的缺失,不但直接损害消费者的利益,而且会对整个行业、整个社会带来危害。

企业表面上是在经营产品,实质上是在经营信誉。企业要在市场竞争中立于不败之地,首先必须要在商品质量、服务、管理、价格等方面坚持诚信至上的理念。全聚德、同仁堂等老店,之所以能屹立百年而长盛不衰,最根本的原因就是因为它们讲诚信。企业只有对消费者讲诚信,才能让自己的品牌扎根在消费者心灵深处,才会成为市场的宠儿。一个企业只有毫不动摇地坚持诚信经营的理念,毫不动摇地坚持造福公众的信念,才能赢得消费者的信赖和社会各界的广泛支持,才能获得持续、高速发展。

对于企业而言,市场就是考场。企业每天都在参加考试,试卷的内容就是诚信。这种考试是公平的,但又是非常残酷的。一个企业丧失了诚信,也就丧失了升级的机会,甚至会被请出考场之外。

有些企业的经营者缺乏长远目光,认为讲诚信是一种迂腐的行为。他们在短期利益的驱使下,做出一些诸如拖欠民工工资、逃避债务、坑蒙拐骗、制假售假、缺斤短两等令人不齿的行为,严重干扰了市场经济秩序,严重了败坏社会风气,成为社会肌体上的一颗颗毒瘤。

企业缺乏诚信,就会破坏市场经济的游戏规则。而这种规则的建立和维持不能只依靠政府相关部门的监管,还需要依靠行业从业者的道德支撑,需要所有的企业一起努力,共同夯实诚信这个基础。

合作共赢是很多企业的梦想,但前提是合作双方都必须诚实守信。如果一个企业有项目、有资金,但缺乏诚信,其他企业是不愿与之合作的。只有诚信才能真正保证企业与合作伙伴的深度交流,才能增进彼此的认知。企业要建立起一套符合合作伙伴要求的诚信服务体系,使其对企业有一个客观而全面的认识,从而拉近两者的距离,让合作伙伴对企业表示出更多的理解、支持和配合。例如,对于一个诚信度很高的企业来说，当它遇到资金紧张时，合作伙伴可能出于对它的信任，在供货、借贷等方面提供一些便利。反之，一个企业如果一贯不讲诚信，当它面临危机时，往往会"走投无路"。

只有真正提高合作伙伴的满意度和忠诚度，企业才能大力开拓市场，保证平稳、健康、可持续发展。企业的每一位员工，都要树立诚信理念，做好自己的本职工作。不论身处哪一个岗位，一旦对合作伙伴做出承诺，就一定要兑现。如果考虑到自己可能做不到，就不要轻易承诺，绝不能失信于人。只有如此，才能与合作伙伴真正建立起"共生共赢"的合作关系。

对于一个企业而言，诚信不光只针对消费者、合作伙伴及其他社会公众等外部对象，对内也必须讲诚信。如果企业对员工一向讲求信誉，员工对企业具有了根深蒂固的信任感，当企业出现资金紧张等经营困难时，员工一定可以设身处地地为企业着想，跟企业同舟共济，共渡难关。一个企业如果能在内部营造出一种诚信文化环境，人与人之间就会多一分相互尊重，就可以克服部门之间的本位主义，就可以培养和激发员工的主人翁精神，增强企业的凝聚力。凝聚力是企业活力和企业生命力的重要标志，一个有凝聚力的企业才能真正经受起市场风浪的考验。

企业诚信文化建设应该从以下四个层面入手。

第一，加强企业物质文化建设。物质文化是精神文化、行为文化和制度文化的物质基础，是企业文化的外在载体和表现。产品品质的优劣，服务质量的高低，都是企业诚信度的体现。企业只有严把质量关才能真正树立起诚信的形象。质量是影响企业竞争力的决定性因素，是企业的生命。只有首先创造出品质一流的产品和提供无可挑剔的服务，才能保证企业诚信文化建设的顺利进行。

企业在生产和营销的过程中，要深度关注不同层次的顾客的需求,要以精良的产品和高效、细致、周到的服务来满足他们的需求,进而激发他们更多的潜在需求。要主动帮助合作伙伴建立合理的库存结构和销售结构,要及时准确地为他们提供相关的市场信息,从而切实保障他们的利润,这样才能在合作方眼中塑造出一种友好、诚信、活力四射的企业形象。

第二,注重人的因素。生产力中最积极、最活跃的因素是人。人是生产力中唯一具有创造性和能动性的主体因素。如果只有好的管理理念、好的制度体系,而没有好的人来运作、执行,那么一切都只能是空谈。因此,提高员工的个人素质,特别是诚信意识,是企业的诚信文化建设的根本。企业诚信体系的形成应该从建设一支一流的、讲求诚信的员工队伍开始。

企业要利用一切可以利用的条件来培养员工的诚信意识。管理者应以身作则,率先垂范,为全体员工树立诚信的典范。要利用各种活动对在诚信方面做出突出贡献的人物进行大力表彰和宣传,让他们成为全体员工的诚信楷模。此外,还要注重员工群体诚信行为的塑造。企业的产品质量和服务质量、企业的信誉都是由企业员工群体诚信行为决定的。企业一方面要提高员工的诚信素质,另一方面要通过各种渠道和手段来提高他们的业务技能。只有这样,才能确保企业的产品和服务获得消费者认可,才可确保企业在全体社会公众中树立起诚信的形象。

第三,要建立起一套保障诚信行为的规范和制度,在制度文化层面充分体现企业的诚信精神和诚信意识。

制度是维持企业正常运转的决定性因素之一,是全体员工必须遵守的行为准则。制度可以协调人与人之间的关系,减少人际交往中的复杂性,增进人与人的信任。遵守制度可以避免某些不可预见行为的发生,减少员工的投机心理,可以防止和化解各种冲突,可以提高企业人力资源的有效利用率。

因此,企业应当将诚信纳入规章制度,在生产、销售等各个环节都制定出相应的执行标准,以实现诚信行为的普遍化、自觉化。诚信制度的建立,离不开相应的激励机制和约束机制,也就是要坚持公开、公正、公平的奖惩原则。要努力形成一种对诚信行为的考核评价体系,对诚实守信的员工进行奖励或表彰,对失信员工进行处罚或批评。要努力让员工意识到自己个人的诚信意识与企业的兴衰成败密切相关,让每一名员工都能成为诚信的倡导者、推广者和实践者。

第四,要把诚信精神和诚信理念的培育放到企业精神文化建设的高度来进行,努力在社会公众中塑造企业的诚信形象。

企业精神文化的实质是企业价值观念,其载体为企业的精神现象,其核心是企业精神,它是企业全体员工在长期的生产经营实践中逐步形成的。

企业精神文化是企业优秀传统的集中体现,是企业文化的核心,是形成物质文化、行为文化和制度文化的基础。培养诚信意识和诚信精神要以建设企业诚信文化为切入点。树立正确的诚信观是培养企业诚信意识和诚信精神的关键。企业诚信的前提,首先是要在企业内部确立诚信的共同价值观。企业的诚信教育要坚持正确的道德和价值导向,要与法制教育和思想道德教育相结合,要与每一个员工的实际工作岗位相结合,让他们在实际工作中培养和强化诚信意识,提高其诚信素质。要在全体员工中树立"失信可耻,守信光荣"的理念,使诚信意识真正深入一线,深入人心。要让每个员工都真正意识到,诚信文化是他们个人成长和企业发展必不可少的精神财富,是企业最值得珍惜和骄傲的无形资产。

3. 企业文化与质量管理

广义的"质量"不仅指产品质量,还包括经营质量、服务质量和工作质量等。

产品质量也不单指成品的制量。以钢铁企业为例,产品质量除了指钢材产品的质量外,还包括烧结、炼铁、炼钢、轧钢等各个工序所产生的中间产品的质量。如果前一道工序的质量不合格,后一道工序的质量就无法保证,最终产品也只能成为废品。对于那些大型钢铁集团来说,经营质量是整个集团战略愿景和发展目标的实现程度,而其下属的厂矿和部门也都有各自的发展目标。经营质量是确保企业持续发展的动力,是企业更高层次的追求。服务质量除针对客户之外,还包括后方对前方的服务、机关对现场的服务、上一工序对下一工序的服务等。服务质量是产品质量的扩展和延伸。工作质量是指岗位、部门和员工日常工作的准确性和有效性,包括技能水准、业务素质、工作态度等。衡量工作质量的指标是执行力的强弱。工作质量的高低决定产品质量的优劣。只有在不出差错的情况下又快又好地完成任务,才是高工作质量的体现。

由此可见,质量管理涉及企业生产经营的方方面面。

企业文化在质量管理方面的体现,被管理学家称为质量文化。质量文化是企业在生产经营过程中所形成的与质量相关的思维方式、行为准则、风俗习惯、价值取向等。其核心内容即质量行为准则、质量道德观、质量价值观、质量理念。质量文化既是管理文化,又是组织文化。它以一种潜移默化的方式让员工的思想产生共鸣,增强他们对企业质量管理的认同感。

当企业注重质量文化建设时,员工为了得到同事和领导认同,就会自我激励,努力工作,以实现企业的质量目标。一个企业要想在同行业中独领风骚,质量文化建设必不可少。

质量文化可分为四个部分,其核心是质量精神文化。此外还包括质量制度文化、质量行为文化和质量物质文化。

质量精神文化包括质量行为准则、质量道德观、质量价值观和质量精神理念。质量制度文化,包括质量奖励与管理制度、质量保证体系、质量组织机构、质量领导体制等。它是对员工质量行为进行约束和规范的文化。质量行为文化包括质量部门专业行为文化、员工群体行为文化和领导行为文化,它是在员工人际关系活动中、宣传教育活动中和质量管理活动中产生的文化现象。质量物质文化包括人力资源状况、科学与技术水平、质量与结构、资产的数量、设备能力、产品加工技术、质量工作环境等产品和服务的外在表现。

质量文化是人们头脑中关于社会发展对质量的客观要求的反映,是社会经济状况和经济管理体制的体现,具有时代性、继承性、社会性和客观性。

质量文化是在特定国家的特定社会生活中产生的,它必然体现时代要求,反映时代风貌,并与时俱进。随着科技的进步和文明水平的提高,人们对事物的认识水平、评价标准及人的道德水准都在发生相应的变化,人的价值观也会随之改变。因此,作为历史现象的企业质量文化,也必然会发生变化,向更高的水准发展。

建设质量文化需要重视研究传统的行为规范和价值观念等精神文化,取其精华,再结合本企业优良文化传统,让全体员工继承和发扬。

质量文化是社会文化的一个重要组成部分,社会制度不同,质量文化的表现也不同。即使是在相同的社会形态下,由于所有制不同,质量文化也会表现出不同特征。

质量文化植根于生产经营实践之中,反映了企业行为对社会需要的满足,是企业取得社会认同的重要支柱,对企业的成败兴衰影响巨大。

质量文化具有辐射作用、激励作用、凝聚作用、约束作用和导向作用。

质量文化是企业质量形象的体现。企业形象的优劣是企业成功与否的重要标志。企业形象包括内部和外部两方面。内部形象可以激发员工的责任感和自豪感。外部形象则反映了企业文化的内涵和特点。企业的质量形象不但影响本企业的生存发展,而且也会对本地区、本国甚至全世界产生重要影响,具有强大的辐射作用。

质量文化建设必然产生激励机制,使全体员工努力奉献,以期获得奖励和赞赏,在实现自我价值的同时,也保证了企业的良性发展。

质量文化能产生强大的凝聚力,把每个员工的前途命运与企业的生死存亡紧密联系在一起,让员工深切感受到个人与企业息息相关,没有企业的强大,自身的利益便无法保障,从而形成个人与企业同呼吸、共命运理想局面。

作为一个社会组织,企业为保证产品和工作的质量,需要制定很多规章制度,但仅仅有规章制度远远不够,还需要一种无形的约束力量来规范员工行为,弥补制度的不足,这种力量便是质量文化。

质量文化可以引导员工将自我目标与企业目标结合起来。要想实现既定的质量目标,企业需要制定相应的策略来引导员工。优秀的质量文化可以潜移默化让员工接受共同的质量价值观念,从而形成合力,有效提高企业的质量形象。

企业质量文化建设应从以下几个方面入手:

首先,要明确本企业质量文化的现状和特点。这是质量文化建设的首要条件。决策者应抛弃主观成见,对质量文化的现状进行科学评价,让全体员工有个客观的认识。

其次,明确企业的核心质量价值观,进而衡量质量文化的有序性、广泛性和深刻性。

第三,利用企业传统文化来加强核心质量价值观的树立。例如,在先进事迹和先进人物中寻找与核心质量价值观联系密切的案例进行总结和宣传。

第四,引进外来的优秀质量文化要素并进行转化。例如,通过对同行业中优秀企业的典型事例、典型人物的充分肯定和大力宣传,逐步树立起一种追求卓越质量的新风气,通过环境因素来提高每个员工对质量问题的重视。

第五,决策者要发挥应有的作用。要运用自身的影响力为员工诠释企业的质量价值观,制定质量发展战略,寻求解决质量问题的方法,通过组织开展各种活动来调动员工参与质量文化建设的积极性。

第六,加强质量人才的培养。企业的主体是员工,企业质量文化建设的核心力量是质量人才。企业要通过培养质量人才来带动全体员工参与企业的质量管理。只有通过少数带动多数,最终形成"全民参与",才能真正提高产品和服务质量,保持最佳竞争力。

第七,要以客户为中心。随着市场竞争的日趋激烈,顾客是否满意成为衡量质量优劣的唯一标准。企业应时刻关注顾客反映,以顾客需求为核心进行质量改进,这样才能最大限度地提高企业的影响力。

第八,要培育质量精神。质量文化的核心层是质量精神,它是由企业的质量管理习惯、质量管理传统、质量管理作风、质量意识和质量观念组成的。只有将质量观念渗透到每个员工的思维之中,让维护质量成为自觉行动,质量管理才会真正收到效果。要做到这一点,需要制定相应的规章制度和行为规范。因此,必须健全质量奖惩制度和完善质量监控体系。

一个企业的成功固然是由很多因素决定的,但质量因素至关重要。只有质量优异的企业才能在竞争中立于不败之地。

创建于1883年的德国奔驰公司,是全球最著名的汽车制造企业之一。奔驰公司虽然在同行业中起步很早,但它的地位不是靠"资历"而是靠质量赢得的。

"如果有人发现奔驰牌汽车发生故障被修理车拖走,我们将赠您1万美元。"这句广告词反映出奔驰公司对自身产品质量的信心,也是"奔驰"品牌享誉全球"秘诀"。奔驰汽车无可置疑的高质量,源自奔驰公司对质量文化建设的不断努力。

奔驰公司有着严格的检查制度,对质量的要求简直达到苛刻的程度。哪怕是一颗螺丝钉,在安装前,都要经过严格检查。每个组装程序都严格把关。只有经过技师签字后,车辆才能离开生产线。为保证质量的统一,安装挡风玻璃和发动机等笨重劳动均由机器人进行。

除了对产品本身的质量严格把关外,奔驰公司还要求采购人员像顾客的家属一样,设身处地为他们着想。采购经理们要对其经营范围内的商品质量、规格、品种完全负责。

他们还在亚洲、欧洲、拉美、加拿大、美国等地设立质量检测中心。检测中心拥有高质量的设备和数量众多的质检技术人员,每年要对上万辆奔驰汽车进行抽检。

奔驰汽车的高质量来自每个员工一丝不苟的工作态度。人们对汽车的关注重点往往在性能、外观等方面,很少注意座位。但奔驰公司绝不会放松在这些细节上的努力。他们专门从新西兰进口羊毛来纺织座位的面料。羊毛的粗细必须保持在23～25微米之间。根据不同面料的要求,纺织时还会掺入从印度进口的羊绒和从中国进口的真丝。对座椅尚且如此,对主要机件的要求也就可想而知了。

奔驰公司的员工之所以能保持极端认真的工作态度,与公司对他们的质量意识的培养是分不开的。公司决策层高度重视技工队伍的培训,仅在国内就设有培训中心 502 个。同时,他们还通过提高福利待遇等方式激发员工追求高质量的动力,让每个人都意识到,产品质量与他们的切身利益息息相关。奔驰公司认为,只有全体员工都热情投身质量管理,才能生产出高质量的产品。因此,他们始终都在努力加强企业的质量文化建设,努力提高员工的质量意识。

4. 企业文化与制度执行

合理的制度是保证企业健康运转的重要因素。有的企业虽然有制度,但由于缺乏执行力而形同虚设。所以,在企业文化建设中,不但要完善制度文化,还应该突出执行力文化。

制度文化是企业精神文化的重要组成部分,也是企业物质文化建设的重要保证。管理文化形成的基础和前提是管理制度的健全和高效。要想让管理制度上升到文化的高度,则必须要得到员工认可。员工对制度文化的认同是企业健康发展的重要保证。

要衡量一个企业的综合竞争力,执行力的高低是一个重要指标。因为,所有的宏伟愿景、科学规划,都需要落实在行动上。要想提高执行力,需要各个管理层、各个部门、各个员工不折不扣地执行企业的规章制度,做到有令必行、有禁必止,上下级之间步调一致,员工与员工高效协作,这样才能真正保证让决策变成现实。

执行力文化并非是偶然出现的,它是传统管理理论发展的必然结果,是一种全新的管理理念。我国企业在执行力方面普遍落后于国外企业,因此,想要经济全球化的大背景下争得一席生存之地,必须要努力营造出有自己特色的执行力文化。

所谓执行力文化,就是所有的行为都以"执行"为终极目标和最高准则的文化。建设执行力文化就是要科学、充分地利用所有有利于"执行"的因素,排除所有不利因素,以强大的奖惩制度和监督措施,让每一位员工有脱胎换骨的改变,全身心地投入工作,最终形成一种监督有力、高效简洁、目标明确、注重实际的企业文化氛围。

很多管理学家都认为,执行力是决定企业发展的关键因素。因此,企业的管理者应当努力营造企业的执行力文化,通过执行力文化影响全体员工的行为。如果每个员工每天能多花十分钟去考虑如何减少工作失误,如何提高工作效率,管理者的决策就能得到更好地贯彻执行。

企业执行力文化的营造不是某一位员工、某一个部门、某一个领导的事情,而是一项系统工程,需要全体员工的积极参与和各部门良好协作。

现在,很多公司的决策者都已经意识到企业执行力文化的重要性。一些企业之所以能够成为同行业中佼佼者,就是因为他们从未放弃过对执行力文化的营造和传承。

希望集团是我国著名的农用饲料生产企业,它是由刘氏四兄弟发起创办的。希望集团的成功在很大程度上取决于兄弟四人能够将各自所长发挥到极致,并且相互之间能形成有效分工与合作。精于计算的老大是集团财务的负责人;老二负责企划和管理,因为他与其他三位相比更具有战略眼光;老三是农学院毕业,因此专门负责技术;老四擅长交际,全权负责与外界的业务联系,是集团法人代表。这种取长补短的分工合作,也是执行力文化的一种体现。精确分工,人尽其才,杜绝了人浮于事,互相推诿现象,极大地提高了集团的整体执行力。正是因为对执行力的高度重视和对执行力文化大力的营造,希望集团从一个小型的家禽饲养企业,一步步发展成为中国最有实力的民营企业之一。由此可见,加强分工与协作,是提升执行力的一条重要途径。

此外,优化组织结构也是提高执行力重要途径。组织结构对执行力有着很大的影响。1997 年台湾某家电器公司曾做过一次改革,推行组织的扁平化。该公司之所以要进行这样的改革,一是受到上一年家电行业整体不景气的影响,公司利润大跌,对未来感到迷茫,二是新兴的科技电子信息市场给传统家电行业造成了压力。

为了提高公司经营绩效和整体形象,他们成立了革新小组,对各个部门进行了组织扁平化的调整。公司原有 9 级人事架构,人浮于事,权责不明。经过改革,9 级人事构架缩减为 3 级,经理级以上的管理人员消减了 20%,公司初步分为家电事业部、电子事业部和营业本部。事业部设有总经理 1 名,下设各个部门,部门设经理和专员。这样便大大消减了中间管理层,决策过程大为缩短,各部门直接对总经理和董事长负责,从而提高了总体的执行效率。

让员工的个人职业生涯规划与企业整体发展目标相统一,也是提高执行力的有效途径。在这方面,伊利集团为我们提供了很好的例证。伊利的决策者认为,企业应该是一个让员工实现自我的组织,而不仅仅是一个供他们谋生的场所。

为此,他们实行了一种管理和技术双轨晋升的制度,也就是对管理人员和技术人员采用不同的晋升制度,让每一个员工都能尽其所长,根据自己特点选择发展方向,并给他们提供相应的培训服务,让所有人都能得到平等的发展机会。

为了不断提升员工的个人技能和知识水平,伊利集团于 2001 年发布实施《集团公司培训制度》,这一制度不但大大提高了集团的整体执行力,也相应地提升了员工的终身职业竞争能力。2002 年,他们又与清华大学、南开大学等著名院校合作,为后备人员和中层管理人员提供了为期一年的在职 MBA 培训,使公司的发展需求和管理人员的个人职业生涯规划实现有机结合,为集团整体执行力的持续保持和发展提供了重要保障。

中国电子信息百强企业之首的海尔公司，原本只是一个濒临倒闭的小厂。现在，它已发展成为世界第四大白色家电制造商。除家电外，还涉足电脑、通讯、物流、软件、餐饮塑料、保健品、厨卫、医药等十二个领域。海尔已由单一的家电名牌发展成了泛化品牌。

海尔之所以能迅速崛起，得益于它卓越的企业文化，特别是其中的执行力文化。

"日事日毕，日清日高"是很多参观过海尔公司的人都曾看见的一个标牌，这是所有海尔人的行动指南。当著名的"张瑞敏砸冰箱"事件发生后，海尔人的心中便警钟长鸣。这个伤疤时刻提醒他们，必须要注重每一个细节，做好每件小事，要将公司的生产制度落实到每一天的每一个工作环节之中，既要提高效率，又要注重质量。

海尔的"创新"不仅仅体现在技术上、产业上，更多的是应用层面的创新，是一种对执行力的优化。在谈到对海尔文化的感受时，中国企业文化万里行组委会秘书长刘再烜如是说。也就是说海尔创新文化的核心是增强执行力。这一种更高明的创新模式。

海尔集团总裁杨绵绵认为，卓越的执行力是企业核心竞争力的重要部分。如果被动地执行，无法适应市场变化，就如同下雨了才去买雨衣。关键是要提高自主创新能力。执行力强是海尔文化中最突出的特点。不仅高层决策能完完本本地落实到基层，还可以实现"迅速反应、马上行动"。

1997 年 9 月，海尔开始向黑色家电领域进军。他们面临的首要问题是，急需扩大生产规模，因为杭州的生产线根本无法满足市场需求。此时，国内的另一家家电企业原安徽黄山电子公司的市场却在日渐萎缩。于是，海尔为实现其发展战略，打算抓住时机，兼并黄山电子，实现低成本高速扩张，在竞争中占据主动地位。同年年底，海尔集团与黄山电子达成收购协议,成立了合肥海尔电器有限公司。

但由于黄山电子本是国有企业,习惯了原有的计划经济体制下的运行模式,与海尔以市场为中心的运作模式有诸多的不协调之处,不同企业文化难免会产生碰撞与摩擦。因此,当时最迫切的问题就是企业文化的同化或融合。

海尔决策层认为,进行文化整合的关键是干部问题。因为,原黄山电子的员工并不认同海尔的管理模式,甚至扬言要罢工,要把海尔派来的管理人员赶回青岛。他们要为自由而战,因为他们丧失了计划经济时代的自由,要忍受严格的制度约束,但却没有得到相应的经济利益。

对此,张瑞敏派人组织这些职工进行"无限期"大讨论。讨论的内容包括:海尔的制度是否合理?作为企业的"主人翁"的职工,与作为"上帝"的消费者,到底谁说了算?谁是谁的衣食父母?企业是否应该改变计划经济时代的思路?是生产什么,人们就消费什么,还是人们消费什么,就生产什么?当这一切都有定论之后,再决定是走是留。在经过激烈的讨论后,海尔的制度最终得到了原黄山电子员工的认可。此后,海尔将肇事者分别处理,处分了那些带头人员,其他人员则既往不咎。经过这样一番努力,终于形成了上下一心的局面,执行力大为增强,优良的制度也就真正转变成了巨大的生产力。

海尔将这种做法称为"吃休克鱼"。他们认为,黄山电子这类的"休克鱼",只要注入优秀的企业文化,就可以重新在市场的大海中畅游。合肥海尔电器有限公司成立以后,在产量、质量、管理、科研、市场、员工素质方面都有了质的飞跃,这正是海尔文化的巨大魅力。

中国企业文化万里行组委会秘书长刘再烜认为:目前中国企业的"软肋"是执行力不强,而海尔的强执行力文化值得大力推广,海尔的制度不在于多与全,而在于执行过程。

21 世纪企业的主流文化将是执行力文化。只有在企业文化中融入执行力文化，并使其成为一个重要组成部分，才能有效提高企业中每一个员工执行力，企业文化的巨大能量才能真正体现出来。

5. 企业文化与安全管理

企业文化在安全管理方面的体现，可称之为安全文化。安全文化是为了安全生产和安全生活所营造的文化，是安全行为准则和安全价值观的结合，它体现了每一个人、每一个单位、每一个群体对安全的态度及采取的行动方式。

安全文化建设是国内外的许多企业在文化建设方面的重中之重。企业安全文化建设与提高职工安全素质有机结合，可以形成一套行之有效的安全管理模式，使企业在生产经营过程中长期受益。

在这方面，美国杜邦公司为我们提供了最经典的案例。杜邦公司虽然是以生产高危险性化工产品为主的企业，但却取得了享誉全球的安全管理成就。在公司下属的 370 个部门和工厂中，超过 10 年没有安全伤害记录的占 20%，没有工业伤害记录的至少占 50%，没有发生过工伤病假及以上的安全事故的占 80%。

早期的杜邦公司在生产火药的过程中曾发生过不少安全事故。公司管理层意识到，安全问题已成为制约公司发展的重要因素，建全安全管理制度已刻不容缓。1912 年，杜邦公司开始对安全数据进行统计；1926 年，他们又建成了防火与安全体系；20 世纪 40 年代，他们提出了一个理念，即"所有事故都是可以防止的"；50 年代，开始进行工作外安全数据统计，推出了相关的安全预防方案；此后又一直在努力实现"零伤害、零疾病、零事故"的目标。

在杜邦公司 200 年的发展历史中，企业的安全文化已经在安全管理的过程中被逐步营造出来。杜邦的企业价值观之一便是"环境、健康和安全"。他们要求每一个员工不但要对自己的安全负责,而且把这种责任心播撒在每一个同事身上,要时刻为同事的人身安全着想。这种将个人安全和集体安全相联系的安全文化,不但增强了每一个员工的安全责任感,而且提升了整个公司的安全管理水平。

杜邦公司之所以设定"零伤害、零疾病、零事故"的目标,就是为了向员工灌输一种理念,即任何事故都是不可原谅的,如果容忍了一个事故,接踵而来的便是更多的事故。在招聘员工时,杜邦特别重视应聘者安全意识的强弱,将此作为是否录用的条件。员工在上岗之后,如果不认同杜邦的安全文化,在工作中忽视安全问题,将无法立足。

在一个重视安全文化的企业中,安全管理拥有至高无上的地位。从最高管理层到一线员工都必须承担相应的安全责任。企业要建立起一套良好的安全管理体系,要对存在的安全隐患和已造成的事故进行客观和持续的评估,自始至终都不能有丝毫懈怠。杜邦公司在安全文化建设方面的成功经验说明,企业安全文化的建立需要不懈的努力,不可能一劳永逸和一蹴而就。

杜邦企业安全文化是杜邦公司200年安全管理实践的总结,是值得全球企业大力借鉴的模式。目前,我国的很多企业通过借鉴杜邦公司的经验或者与其开展直接合作而强化了自己的安全文化建设,并取得了很大的成效。

塔里木油田公司在与杜邦公司合作的基础上,推出了一套符合自身特色的安全管理体系。他们通过公司网站的相关网页对行为安全和安全经验进行审核,鼓励员工积极分享他们的安全经验,鼓励他们对安全事件和安全事故进行主动上报,将安全审核和安全经验作为一项长期的、持续的工作来抓,逐步完善了企业的安全责任审计制度。

对于所有的能源企业,特别从事"三高"(压力高、产量高、硫化氢高)气井开采企业而言,安全生产是最重要的管理内容之一。在安全文化实践过程中,塔里木油田特别注重在基层单位的关于平稳生产和安全生产的活动,收到了很大的成效。这些安全文化建设实践,不但让基层单位明确了自己安全生产的方向,也是一种对安全实践的可行性的最终验证。

塔里木油田的基层单位,活学活用安全文化,他们通过各种各样的活动提升生产一线员工安全意识。天然气事业部克拉作业区在开展"员工安全承诺"的活动中,将员工安全承诺制做成可以手持的卡片发给他们。有些基层单位则举办各种规模的安全知识竞赛,不但让员工掌握相关的安全知识,更营造出了一种浓厚的安全文化氛围,让安全理念深深扎根于员工心中。还有一些基层队站从自身的实际情况出发,制定了团队管理实施方案,率先进入团队管理。

塔里木油田公司注重通过提高安全能力、培养安全习惯、转变安全观念来加强安全文化建设。围绕这三个方向,各基层队站已经开展了大量工作。他们以确立安全价值观为核心转变安全观念,在生产、生活的各个环节中始终贯彻安全价值观,长期推进"六条禁令",将安全准则真正落到实处。

通过国际合作,塔里木油田公司形成了一整套符合自身实际的安全文化模式,使企业逐步形成了一种能够与世界一流石油公司相比肩的安全环保生产环境。

他们通过各种渠道加强对各级管理人员和普通员工的安全生产教育力度,让安全文化真正深入人心,很好地保证了公司的安全生产。他们意识到,安全文化建设是一项长期而艰巨的任务,是一场对传统安全管理的革命。他们努力打破传统观念的束缚,克服经验主义,对工作方法和管理方式进行了大胆变革,克服了重重困难,解决了各种各样的问题。对那些经常在安全生产问题重复出现的单位,不但强化安全生产教育,而且强制其学习先进的安全管理知识,让他们担负起应尽的安全责任,真正走上安全生产的道路。对于那些在安全文化建设方面取得了较为突出成效的生产单位,则要求他们再接再厉,进一步履行好自己的安全责任、企业责任和社会责任,承担起模范作用和引导作用,为早日建成具有塔里木特色的安全文化,为塔里木油田的发展做出更大的贡献。

企业安全责任的信息披露是加强安全文化建设、促进企业安全生产的一种有效手段。我国最早实施这一政策始于 20 世纪 80 年代后期。当时,为了向西方发达国家看齐,国家环保局和国家统计局要求企业编制关于企业环境基本情况的统计报表,并向相关的政府机构报送。但是,这些信息并未完全对外公开,只有国家才能使用。在对 1500 家国内企业进行调查的基础上,中国企业社会责任发展中心发布了一项数据,我国没有发布过企业社会责任报告书的企业高达 71%,偶尔发布过的企业占 26%,而经常发布的企业只占 2%。这 2% 的企业中,国有企业又占到绝大多数。这也正说明了国有企业在社会责任方面、在安全责任方面走在了前列。

"以人为本、安全第一"是武钢在生产经营中大力营造的一种文化环境。公司决策层力求在安全文化的建设中,对职工的安全行为进行规范,培养他们的安全价值观。

武钢乌龙泉矿在安全管理中引入了"家庭亲情安全联保"的机制,让职工家庭都能认识到安全生产的重要性。职工家属常会被请到生产一线,了解如果职工在岗位上情绪不佳、注意力分散或违章操作,将会给企业和个人带来怎样的伤害。之后,车间会和家属们签下"夫妻安全联保协议"。内容除安全规章制度外,还包括家属应在职工上班前提醒其不能把情绪带上岗、穿戴好劳保用品等内容。港务公司则在安全宣传教育活动中,发动电脑爱好者制作安全 FLASH 动画,宣传公司安全知识,并将近年事故案例融入这些宣传资料中,让内容更贴近职工生活,引起他们的强烈共鸣。武钢大型厂则总结了各车间10年来的安全生产事故,以安全小贴士和安全警语的形式汇集整编了一本语言浅显易懂的岗位安全读本,成为颇受职工喜欢的"口袋书"。以上种种举措,让职工在生动活泼的氛围中,自然而然地加强了安全意识,成为企业营造安全文化的一种有效手段。

虽然相关数据表明,我国绝大多数企业没有形成发布企业社会责任报告书的机制,但广州风神汽车有限公司在安全文化建设方面却做了很多工作,取得了一定的成效。

广州风神汽车有限公司是东风汽车有限公司的子公司,是东风汽车有限公司的分支机构——东风日产乘用车公司的主要生产基地之一。广州风神在安全文化建设方面有很多值得其他企业借鉴的经验。

他们始终坚持"安全第一,以人为本"的安全文化建设的纲领,坚持"1000 − 1 = 0"的安全文化理念。其中"1"代表安全,几个"0"分别代表发展、效益和产量。如果"1"存在,则"0"越多越好。如果"1"不存在了,"0"再多也无济于事。

在安全生产方面,他们倡导"零化目标活动",即"设备故障为零、职业灾害为零"。自2003年以来,公司杜绝了责任性重大交通事故、重大环境污染事故、群体急性中毒事故、重大火灾事故、压力管道和压力容器爆炸事故、重伤事故及因工死亡事故。2007年以来,实现了工伤事故为零的目标。

广州风神的决策层意识到,公司虽然成立时间短,但正经历着跨越式发展,在此过程中,将面临方方面面的挑战,如安全、成本、交期、品质等。为了能在同行业保持领先地位,2007年,他们开始推进"领航者计划",即追求最高的员工团队士气、最佳的安全性、最短的周期、最佳成本和最佳品质。公司的企业文化建设也是围绕这一核心展开的。他们把安全文化建设作为其中一个很重要的组成部分,将安全管理体系与安全文化的建设相融合,在改进管理体系的同时,营造良好的安全生产文化氛围。

首先是对安全隐患进行严格排查,并制定出相应的整改制度。他们引入世界先进的评估系统,对生产现场进行安全诊断,对管理方面的缺陷、人的不安全行为和物的不安全状态进行评价,找出问题,提出整改建议和意见,由相关部门进行落实。每月要进行两次由公司领导参与的最高级别的安全诊断,每次对两三个生产班组进行抽查,提出整改意见,相关部门会对整改结果进行跟踪。他们将日常安全检查与专项安全检查相结合,除了每天巡查作业现场外,还特别对危险场所和危险设备进行重点监控。对消防设施、车辆、起重设备、电气设施等特定设备每年至少检查一次。每逢放假前,要全面检查厂区现场,确认无问题后,部门负责人方可离开。如果利用假日期间进行施工,要按危险程度将施工项目划分为 A、B、C 三个等级,采取相应的管控措施。对施工期间的安全值班人员进行落实,加强施工现场的安全监察。

安全诊断和检查只是一种手段,要想从根本上杜绝安全隐患,则要强化安全教育。

风神汽车公司每年开展包括消防演练培训、全员安全教育、转岗复岗人员培训、职业健康培训、安全技能人员培训、班组长培训、特殊工种培训、新员工培训等项目在内的八大类型的安全教育培训。外来施工人员在进入现场前也需要接受安全教育培训,未经过培训,不得入场作业。他们将每年 6 月定为安全生产月,利用公司局域网上安全专题稿件、安全承诺签名、安全主题宣传横幅、知识竞赛、书画展览等形式,进行深入的安全文化宣传和教育。另外,还根据不同时期的不同工作重点,在公司局域网上对相关的活动事项进行宣传报道。

此外,他们还努力健全安全生产管理规章制度,落实安生产目标责任制。

公司制订并完善了 55 项安全生产管理规章制度,其中消防安全管理类 13 项,专项安全管理类 35 项,综合安全管理类 7 项。这些制度被公布在公司的局域网上,方便了各个部门和班组的查阅与学习。另外,他们还完善了现场作业指导文件,包括设备操作规程、点检基准和标准作业书等。在作业文件中将相关的安全事项进行细化,并要求员工照章执行。对安全生产目标责任,他们要求做到三个"落实",即:目标考核落实、目标管控落实和目标分解落实。目标考核落实是指将安全生产目标达成情况作为年终考核评比先进的否决性指标,凡未达到此目标者,将无权参与评定。目标管控落实是指将年度安全生产目标进行分解,逐月进行管控,对目标达成情况,每月进行分析检讨,未达标时要及时进行反省和整改,以确保达成年度目标。在年中和年末,要全面反省分析目标达成情况,为推进下一步目标提供参考。目标分解落实是指在年初制定安全生产目标,将其作为公司生产经营目标管理的重要组成部分,并纳入到年度关键目标考核体系。公司总经理会在年度安全生产工作会议上与各部门负责人签订责任书。部门负责人会与各班长签订责任书,各部门将目标分解到班组。由此将安全生产目标层层分解落实到生产一线。

以上种种措施的实行,都需要一套完善的安全生产组织保障体系来统筹运作。风神汽车公司专门成立了安全生产委员会,由总经理任主任、主管安全的副总经理任副主任,成员包括各部门的负责人。公司重大安全生产事项由安全委员会负责进行决策、处理和协调。年度安全生产工作会议在年初召开,每月有一次安全生产例会,此外,如遇重大事项,则临时召开工作会议。安全委员会下设事务局,由安技环保科负责具体事务，安技环保科配备 9 名专职安全生产管理人员，各部门和车间配备 8 名安全系长、18 名安全员，各生产班组均配备 1 名兼职安全员。

综上所述，广州风神以持之以恒的态度，努力改善安全生产条件和作业环境，加强安全文化建设，为员工营造舒适、健康、安全的工作环境，创造"快乐工作、快乐成长、快乐生活"工作氛围，在履行一个企业的安全责任的同时也为全社会的和谐发展做出了贡献！

国内的一些安全管理专家在对安全文化建设进行深入研究之后，总结出了一些行之有效的方法，让安全文化真正落地生根。针对目前很多企业在安全文化建设中"心有余而力不足"的现状，特别是安全管理中的"一阵风"现象，他们创造出了一些可行性很强的管理方式，如每天都有案例，每件事、每个人都是案例的安全管理模式。

"每天都有案例"是一种形象的说法，并非是每天都要进行案例培训，而是突出实用性、持续性和频率，比如一个季度或一个月拿出 1 小时以上的时间进行案例培训，每个星期花 30 分钟时间对部门案例进行学习，每次开会前 5 分钟进行案例分享等。尤其是要对那些本企业内部发生的安全经验、不安全行为、已发生事故等，进行充分的案例培训和分享。

"每件事都是案例"中的"事"不单是指负面的不安全行为、隐患、事故等，也包括可以提升安全绩效的理念、知识、技巧、经验等正面事物。"案例"也并非是已形成书面材料的"案例分析"，也包括刚做出的行为，如某员工将工作现场收拾干净，避免了下班后可能发生的火灾，班组长召集班上的所有人员，公开表扬该名员工，并向大家指出不这样做的隐患。

"每个人都是案例"是指每名员工，包括基层人员和高层管理人员在内，都应当具备对他人进行培训和编辑案例的能力。如果主管人员发现有人违章，那么就可以召集其他员工集体探讨这样做的不良后果，以及探寻这种行为发生的原因，然后再将此记录在案，对其他部门的员工进行案例评讲。只有人人参与，互相学习，企业安全文化建设才能收到最大的成效。

第三章

企业文化与营销活动

1. 企业文化与品牌铸造

将企业文化融入营销活动,是目前很多企业都在探索和实践的全新的营销理念,也可称之为文化营销。

文化营销可分为三个层次:产品文化营销、品牌文化营销和企业文化营销。

产品文化营销是指将产品作为企业核心价值观念的载体,在产品的包装、造型、设计及售后服务等方面体现企业文化要素的营销模式。

品牌文化营销则要求在营销活动中将品牌的渗透力和感召力在目标市场上充分体现出来,突出其内涵和个性。在知识经济时代,最为重要的资源就是知识。客户在决定购买产品或享受服务时,更多地会选择那些可以同时为他们提供相关知识的企业。而品牌比单纯的产品或服务更能体现知识。因为,品牌是产品和服务的一种"视觉语言",是企业形象、企业信誉、市场份额、产品的外观和功能及服务的现实价值等所有要素的集中体现。因此,铸造卓越品牌是很多企业梦寐以求的宏伟愿景。品牌不仅是产品技术含量和实际功效的体现,而且还能体现一个企业在人文科学知识等方面的积淀和追求。毫不夸张地说,品牌就是知识的化身,是企业文化的一个重要组成部分。

　　企业文化营销是指将企业的文化理念在营销过程中充分体现出来,一切以顾客为中心,不断提升顾客对企业的认同。

　　文化营销可分为主导型和顺应型两种方式。主导型文化营销是指企业创造性地提出自身的核心价值观念,以适应社会发展和市场竞争的需要,同时引导顾客的消费行为,以实现自身的营销目标。顺应型文化营销是指在潜在顾客中发现和培养与自己企业的价值观念相近或相同的群体,同时将企业价值观念进行整理和提炼,进而扩大影响,与更多的顾客产生共鸣。

　　在实施文化营销的过程中,既应该融入具有时代特征的特定的文化事件,又要考虑到本土的社会文化背景和环境,以最恰当的方式彰显企业文化的特点。文化营销是一项综合性活动,公益性、价值性、市场性交相辉映,恰到好处地宣传企业的产品和服务,与时俱进地反映时代精神,根据现实需求,把握市场机遇,实现企业与社会的共赢。文化营销要适应特定的本土社会文化背景,将本土的语言行为、价值观念、传统观念、民族历史、文化模式等融为一体,让企业形象、产品品质与相关的文化内涵水乳交融。

　　品牌营销是文化营销的一个层面,也是重中之重。

　　品牌是联系消费者与企业的纽带。在消费者眼中,选择一种品牌,就意味着认同它的文化内涵。卓越的品牌都是个性鲜明的。它们有的崇尚年轻态、活力、休闲、健康,有的强调身份地位,彰显成功。

　　一个品牌能不能成为名牌,不单取决于产品和服务的质量,更重要的是能否体现其独具个性的文化内涵。品牌在知识经济条件下拥有广阔的成长空间,它已成为企业最有效的竞争手段。美国的某营销专家说:拥有市场比拥有工厂更为重要。而拥有不可替代的卓越品牌则是牢牢占领市场的不二秘诀。强势品牌不但可诱导消费者做出购买决定,还能提升其对企业和产品的忠诚度。只要具备了这一点,企业便可在价格等方面享有更多的余地,可以根据现实需要灵活掌控。拥有强势品牌的企业甚至可以引领消费时尚,让其他的企业只能处于跟风地位。因此,品牌铸造不但是企业营销策略中的一个重要组成部分,而且是整体营销活动的关键。

铸造卓越品牌是企业品牌管理部门的使命。品牌管理部门应及时了解客户需求,并不断提升客户的认同度,建立起不断赢利、持续增长的品牌资产。要通过整合管理企业与客户的所有接触界面,如商誉、服务、销售、产品、视觉识别、公关等,来管理客户对企业的整体体验过程。品牌管理人员通常要做的工作包括确立品牌定位和品牌目标、进行品牌架构和品牌传播、明确品牌识别等等。品牌管理一般要经过品牌研究过程、品牌定位过程、品牌规划过程、品牌实施过程和效果评估过程。寻求品牌在目标消费群心目中的位置是研究与定位的根本目的。只有要创建出一种与竞争对手有差异的独一无二的品牌,才能真正在竞争中保持优势。品牌规划与品牌实施就是将这一理念付诸实践的过程,要通过全方位立体化的沟通和传播手段,使企业的品牌文化深入人心。

铸造品牌并非单纯做广告。有些企业的广告铺天盖地,不绝于耳,但效果未必会好。广告应当只是作为一种手段,对企业的品牌进行维护。除了做广告之外,通过制造新闻、发布软文、事件行销及各类公关活动等方式,也可以提高消费者对品牌的忠诚度和美誉度。

铸造品牌应当成为一项创造性活动,而不能只是简单模仿别人,盲目跟风。当前,很多企业都在投入大量资金全力打造品牌,但令其始料不及的是,由于类似信息过剩,这些资金都打了水漂,未能给企业带来应有的收益,品牌依然鲜为人知,这便是缺乏创造力、未能彰显品牌文化个性的结果。

铸造企业品牌不能盲目进行,必须要等到条件成熟时才可以,必须要明确产品正处于生命周期的哪个阶段、品牌的市场发展情况怎样、企业产品结构情况和经营性质等关键因素。目前我国企业存在的最主要问题是,没有认清企业形象的概念与作用,不了解产品品牌形象和企业品牌形象的区别,企业形象推广的方法和时机不当,企业形象运作与企业资源、产品条件、市场条件严重脱节等。

对于一个企业来说,在进行企业品牌推广之前,首先要进行产品或服务的推广。因为,顾客是在购买产品或享受服务的过程中,逐步建立起对企业文化的认同感,而不是只要看到企业品牌宣传,就会去购买产品。但就是这样一个简单的道理,很多企业却未能充分理解。往往本末倒置、次序颠倒,在条件还未成熟时,就效仿某些知名企业,盲目进行品牌推广,结果因为产品或服务质量未能达到顾客需求而功亏一篑。

有的企业不清楚自己的产品结构,盲目模仿知名企业,脱离实际去进行企业品牌宣传。要知道,这些知名企业进行企业品牌宣传是为了发展其他产品线,是依托企业的整体实力进行的。而有的企业却敢于在只有一种知名产品的情况下,就盲目跟风进行企业品牌推广,结果不仅挤占了产品推广费用,而且也浪费了很多其他资源。

有些企业对产品成长初期时的广告定位出现了偏差。产品在成长初期是非常脆弱和敏感的。如果它的品质落后于竞争对手,企业将无法打开市场,只好忍痛割肉来打价格战。很多企业常会选择在此时赞助大型活动或赛事,如给球队冠名等,这看似一条成名的捷径,但企业用于推广产品的费用会被过早地分割到企业品牌推广中去,使产品在成长期显得后劲不足,最终很可能丧失竞争能力。

有的企业在做广告时,不管条件是否允许,都要进行企业品牌宣传。因为他们担心顾客不清楚这一产品是由哪个企业生产的。但这样一来,就产生了一个问题,顾客搞不清楚他们是在宣传企业还是在宣传产品。企业原本希望两全其美,但消费者却不知所云,结果非但不能节省宣传费用,反而白白浪费了资源。

因此,品牌营销应当以产品品牌来支撑企业品牌。产品品牌形象与企业品牌形象应成为两个独立的系统,企业品牌形象宣传应放到战略高度进行思考和规划。

企业品牌广告的成功与否,受到很多因素的影响,如产品结构、企业经营性质、产品品牌的发展、产品生命周期等。其中决定性因素是产品生命周期。

在产品导入期阶段,消费者对产品的认识还是一片空白,他们的消费欲望还没有被唤醒。这一时期的宣传目标是激发需求、培育市场。企业的宣传重点应该放在产品的品质方面,产品广告也应重点强调产品在品质方面相对于其他同类产品的优势。此时,消费者对这一产品的品牌不会特别关注,所以,在这一阶段不必投入过多资源进行纯品牌的宣传,只需在推广产品的同时,对品牌的个性和内涵稍加阐释即可。不过,对于某些功能性较强的产品,如药品之类,不论是导入期,还是成熟期,其产品品质与品牌都需要始终联系在一起。某些具有很强的保护壁垒且消费者群体相对集中的产品,在导入期也需要对品牌进行宣传,否则自己苦心培育的市场,就成了别人的盘中餐。

当市场上对产品的需求呈上升趋势时,产品便进入上升期,此时还需要进一步对产品的品质进行宣传和推广。但因为需求日渐稳定,所以就可以适当强化对产品品牌的宣传,以便让消费者能区别对待;同时,也可以适当进行企业品牌的宣传。这一时期是整个产品生命周期中的关键时期。企业未来的发展空间在很大程度上是由此时的市场地位决定的,所以在这一时期,除了要继续加大产品推广力度外,还需要刻意培养消费者对品牌的认知。宣传广告中,除了要强调产品品质外,还要恰到好处地融入企业的品牌文化。要明晰产品的概念,迎合消费者的需求,掌握未来市场的主动权,不能将品牌的内涵过于扩大。

产品进入成长期之后,市场已走向成熟,销量剧增。很多企业会出于现实利益考虑,为防止其他竞争者介入,而迅速强化品牌,利用品牌优势挤压对手。这一阶段又可分为前、后两个时期。在前期,由于消费者对产品的认知度不断提升,需求迅速扩大,产品利润也会因此稳步上升。这就为打造产品品牌创造了良好的条件,企业应迅速提高品牌的知名度,努力开拓市场。在进行产品品牌宣传的同时,也对企业品牌进行宣传,让企业品牌带动产品品牌的发展。到了末期,产品普及率已很高,潜在的市场需求日渐萎缩,市场增长缓慢,竞争对手也已由弱变强。此时,产品品牌已基本成熟,应重点树立企业品牌。通过传播优秀的企业文化,提升消费者的信任感,对产品品牌起到支撑作用。可以利用一些造势性质的广告、活动等方式充分展示企业实力。当利润达到最大化时,可以通过用回报社会的方式赢得口碑,凝聚人心,强化品牌。可以多借助一些慈善和公益活动在社会和公众中树立良好形象,为品牌的再定位夯实基础。

产品进入成熟期后,消费者不但会注重产品的功能,还会注重产品的其他元素。因此,企业不但要在产品的功能上保持独有的特色,还要注重品质、服务的提升及企业价值理念的传播等。此时,由于市场已趋向饱和,因此在产品品牌宣传方面要有独到的定位,品牌要突出个性,强调多样化、差别化。对于企业品牌的宣传则应适当减弱。企业品牌宣传应采取观念渗透的策略,将企业理念灌输给公众,增强亲和感和美誉度。运用视觉形象展示、理念广告、文化宣传广告等形式树立印象化、差别化的企业形象。

2. 企业文化与广告策略

企业文化在某种程度上会对顾客的行为、观念产生影响，而广告正是向公众传播企业文化的一条最直接的途径。成功的广告必然是对企业文化的完美诠释。如何在广告中融入企业文化，是企业在整体营销过程中需要考虑的一个重要问题。

企业做广告的终极目的是为了推销产品，是一种商业行为，但在形式上应突出文化。广告制作人和受众都是在特定文化背景下生活的人，社会制度、风俗习惯、宗教信仰、伦理道德、文化心理、思维模式、哲学观念等，都会对广告产生影响，从而形成各具特色的广告风格。每个企业也都有着独特的企业文化，因此，做广告时，也不应该只是模仿和跟风，而应当深入挖掘自己的文化内涵，让广告在准确传达企业文化理念的同时，给人耳目一新的感觉。

企业文化在广告中要产生润物无声的效果，起到画龙点睛的作用。

广告是企业实力和企业文化的展示，语言须真挚感人，引人回味，如果只是单纯的"叫卖"，结果会适得其反。

广告要富于情感。企业与客户之间最高境界的沟通是情感的沟通。只有让顾客产生亲切感、信任感，才能得到他们对企业的认同。别克汽车公司的"比你更关心你"、明基电脑的"享受快乐科技"、海尔集团的"真诚到永远"等广告词都很好地诠释了这一主题。此外，广告还应体现出一个企业的胸襟和气魄。因为，只有一个胸怀天下、壮志凌云的企业才是一个有社会责任感的企业，才不会为一点眼前的蝇头小利而损伤公众利益。这样的企业信奉的是自身发展与回报社会相统一的经营哲学，是真正值得尊敬和信赖的企业。联想集团的"科技创造自由"、奥迪汽车的"突破科技、启迪未来"、创维公司的"谁升起来，谁就是太阳"、长虹公司的"太阳最红，长虹最新"等广告语就体现出这样一种雄心壮志。

广告要富有创意。这是每一个广告人都在追求的目标。但创意并不等于是一种不着边际的任意表述，它必须要突出企业的品牌特征和企业文化。在这方面，白沙集团的广告语"鹤舞银沙，我心飞翔"可算是一个反面例证。这句广告词虽然表面看来富于诗意，也宣示了某种雄心壮志，但却无法与一个烟草企业联系在一起。而米其林轮胎公司的"新一轮体验"，就不但给人耳目一新的感觉，而且也能让那些不了解这家公司的人们明白，他们是一家生产轮胎的企业。李宁公司的"一切皆有可能"堪称点睛之笔，它不但体现了一个企业的雄心壮志，而且很好地传递了它的企业文化——崇尚"挑战自我，超越自我"，提倡"体育运动精神和进取精神"，通过专业化的高品质产品，传递积极、健康的生活理念。这就是成功创意与失败创意的区别。

很多广告主题都是在企业文化中挖掘出来的，是对企业经营理念、宏伟愿景、价值观念等元素的综合表述，如丰田公司的"有山必有路，有路必有丰田车"、菲利普公司的"让我们做得更好"，等等。

在广告中诠释企业文化，可以通过以下几种途径来解决。

第一，利用名人效应。不论古今中外，普通民众对名人的崇拜之情都是一如既往的。如果能够求得与名人的合作，借助他们的影响，向公众传达自身的企业文化，无疑是一条捷径。耐克公司即使要花费数亿法郎也要聘请乔丹来做他们广告。因为乔丹不仅创造了篮球场上的神话，而且是体育精神的完美诠释。耐克公司此举，不但成功宣扬了自身产品的卓越品质，而且向公众灌输了自己的企业文化，即一种追求"体育、表演、洒脱、自由的运动员精神"。同样，巩俐为美的电器所做的广告，也很好地传达了美的集团追求卓越，"为人类创造美好生活"的企业文化,因为巩俐在广大观众心目中早就成为"美的化身"。

第二,展示科技魅力。当今社会是一个在科学技术的引领下高速发展的社会,科技的魅力是任何力量也无法阻挡的。在广告中适当加入些科普知识,会收到锦上添花的效果。这不但可以宣扬企业在物质文化(特别是科学技术方面)所取得的成就,而且可以帮助消费者学习相关的科技知识。因此"科技含量"高的广告往往会更具说服力,更能增强消费者购买欲望。同样是生产牙膏的企业,"蓝天六必治"与"高露洁"和"佳洁士"却采取了不同的广告策略。"蓝天六必治"最吸引人的一条广告是由一对身体壮实、憨态可掬的父子拍摄的,整条广告只是告诉读者"牙好,胃口就好"这样一个简单的常识,虽然这对父子的本色表演的确吸引了不少眼球,但消费者还是无法从广告中得知"蓝天六必治"究竟能治哪六种牙病。而"高露洁"和"佳洁士"则不同,他们每推出一款新产品都会在广告中介绍与此款产品相关的牙齿保健知识,让消费者在选择时能够做到有的放矢。正是因为如此,虽然这两种品牌的牙膏在价格上一直高于同类产品,但市场份额却不会因此受到影响。

第三,运用文学语言。广告本身也是一种文化,也是一门艺术。因此,它必须要借鉴其他艺术门类的表现手法。在广告中巧妙地运用文学语言不但可以体现企业的人文气息,而且可以让消费者在优美的意境中自然而然地产生亲近感,增强购买欲望。在这方面最成功的当属喜之郎公司"水晶之恋"果冻的广告。水晶之恋果冻的广告词像一首优美的散文诗,特别是"一生不变,水晶之恋"这句点睛之笔,不知让多少少男少女为之激动,同时也很好地体现了喜之郎公司"追求更强更好、共创健康快乐的今天和明天"的企业文化。

第四,引领时尚。时尚究竟是由谁来创造的?是消费者还是生产者？这是一个复杂的问题。也许二者都可以创造时尚。李维斯公司是世界上历史最悠久、知名度最高的生产牛仔服饰的企业。很多年来，牛仔裤的颜色始终都是蓝的，后来他们尝试推出黑色牛仔裤。为了改变人们的既成观念，尽快打开市场，他们选择在一家歌舞厅的门口做起了广告。广告非常简单：凡穿蓝色牛仔裤者，不得入内。客人被一个个挡在门外，最后，一个穿黑色牛仔裤的阳光男孩在热烈的欢呼声中走进了舞厅。黑色牛仔裤就这样成了新的时尚。李维斯公司的这一广告策略，也同样体现出了它的企业文化，即独立、自由、冒险、性感的叛逆精神和开拓精神。

第五，感观诱惑。这是一个崇尚性感的年代，不但内衣企业、化妆品企业、女性卫生用品企业会在广告中加入各种"性感"元素，就连汽车企业也会在车展上利用车模来吸引眼球。汽车与美女貌似两件不搭界的事物，但当两者同时出现在消费者眼中时，表现出的就是一个汽车企业追求完美、追求卓越的文化理念，因为一个美貌、性感的年轻女性本身就是高品位的象征。

第六，演绎浪漫。追求浪漫是人们企图摆脱日常生活的单调乏味，探寻另一种精神高度的努力。在广告中演绎浪漫可以让消费者暂时忘却现实生活中的种种琐屑和不快，求得片刻的心理慰藉。这种浪漫虽然是别人的、转瞬即逝的，但却不会影响消费者对这一广告的好感，他们会像读完一本经典的名著后会喜欢上这个故事、这本书的作者一样，喜欢上这款产品和生产这款产品的企业。李维斯牛仔裤曾做过一个堪称经典的广告：一个身穿李维斯牛仔裤的英俊男子独自驾驶一只小船漂浮在一片不知名的海域，突然一阵巨浪涌来，将小船打翻，男子落水，命在旦夕。这时，一群美人鱼出现了，她们合力将男子救上岸来，给他做人工呼吸，又拥抱他、抚摸他、亲吻他。美人鱼们似乎是爱上了这个男子，但她们更感兴趣的是他穿的李维斯牛仔裤，最后竟一起动手将这条裤子脱了下来。这则广告借助西方童话中的美人鱼形象,将现实中人人渴求的奇遇和浪漫演绎得淋漓尽致,让观众过目不忘,同时也很好地诠释了李维斯公司追求独立、自由、冒险、性感的企业文化。

第七,注重审美。人们之所以会花时间观看广告不仅为了了解商品或服务的相关信息,同时还抱着一种娱乐目的。所以广告创意应注重审美,要追求意境美、画面美和语言美。要让消费者像欣赏艺术品一样去欣赏广告,让他们在审美愉悦中自然而然地认同企业的文化理念。上海家化联合公司推出的清妃化妆品系列广告就做到了这一点。在广告中,他们把女人比喻成珍珠、音符、天鹅和月亮。广告词是"女人是珍珠——有变化才会细腻,女人是音符——有变化才会灿烂,女人是天鹅——有变化才会高贵,女人是月亮——有变化才会完美",同时再配以优美的画面,消费者在不知不觉中就沉醉在这美妙的意境中,增进了他们与这个品牌的亲密度。

第八,精确定位。整条广告的语言可能会长达几分钟、几百个字,可是真正能打动观众的也许就是短短的一句话。这也就是我们前文所说的"点睛之笔"。点睛之笔既可以是对企业文化的提炼和总结,也可以是对某一款商品的精确定位。在广告中明确产品定位,就是要突显其特色,特别是相对于同类产品的优势,给消费者独一无二的感觉。纳爱思集团雕牌系列产品广告就是突出其低价位,"不买贵的只选对的"这句广告词堪称神来之笔,既通俗易懂,又朗朗上口,让人很容易就能记住这是一个低价位的品牌。盖天力制药厂的"白加黑"则主要突出其相对于其他品牌的显著优势。很多感冒药白天服用后会瞌睡,因此,"白加黑"广告重点强调"白天服白片不瞌睡,晚上服黑片睡得香",提示消费者在治疗疾病的过程中不会耽误日常工作。同样都是宝洁公司推出的洗发用品,"潘婷"、"飘柔"、"海飞丝"的广告定位就各有不同。"潘婷"重点强调的是对头发的滋养,"飘柔"强调让头发柔顺,而"海飞丝"则突出其去屑功能。经过精准的定位,三款产品都得到了消费者的认可和喜爱,更重要的是,通过不同的定位,宝洁公司成功的宣扬了自己的企业文化,即"生产和提供世界一流的产品和服务,以美化消费者生活"。

第九,注入情感。广告虽然是一种商业行为,是以赢利为终极目的,但不能以一种赤裸裸的交换面目出现。广告中应注重情感表达,要"晓之以理、动之以情",只有这样才不会引起消费者的反感,才能让他们在内心深处真正喜欢上这家企业、这款产品。有很多广告会选择通过诠释爱情和亲情来引起消费者的共鸣。如戴比尔斯钻石的广告:钻石恒久远,一颗永流传。好来西男士衬衫广告:春夏秋冬,时光轮回,女士们又承担了先生们一年的关怀,在这女士们特殊的日子里,又如何表达你对先生的温柔和体贴?台湾星辰表广告:妈妈的时间换取了我的成长,推动摇篮的手是统治世界的手,也是最舍不得享受的手。……母亲节,星辰表,送给母亲一份意外的惊喜!

第十,直接诱导。出于推销产品和服务的目的,广告中通常会融入很多独具特色的诱导型商业文化,通过创造新的理念,来启迪消费者的心灵,达到诱导购买的目的。如耐克女鞋的广告:在你的一生中,有人总认为你不能干这,不能干那;在你的一生中,有人总说你不够优秀、不够强健、不够有天赋,他们还说你身高不行、体重不行、体质不行,不会有所作为。他们总说你不行!在你的一生中,他们会成千上万次迅速而坚定地说你不行,除非你证明自己能行!整个广告虽然没有一个字提到耐克女鞋,但事实上却成功地激发了女性的自信心理,引起了她们的强烈共鸣,不但很好地传达了耐克公司的企业文化,而且成功实现了诱导消费的目的。同样,"独立,从一辆凤凰车开始"、"金利来,男人的世界",等等,也都是很成功的直接诱导型广告。

3. 企业文化与服务理念

随着市场经济的发展,中国已经开始步入"服务经济"时期。"服务"正在极大地改变着人们的生活方式。因此,它也成了企业竞争的一个焦点。企业只有能过服务创新才能真正赢得市场。

顾客为何青睐这家企业的服务而拒绝其他同类型企业的服务呢?归根到底是什么因素导致他们做出这样的选择?是环境、价格,还是其他更深层次的原因?也许各种因素都会在某种程度上起到一定的作用。不过,最根本的还是企业文化。因为,企业文化更有助于顾客确定其服务的价值。

企业文化在服务方面的体现,可称之为服务文化。服务文化就是企业提倡其所有成员为他人提供优质服务的文化。它是企业的服务理念、职业观念等服务价值取向的总和。这些价值取向是企业在长期对客户提供服务的过程中逐步形成的。

企业要想为消费者提供优质服务,就必须致力于建设优秀的服务文化,力争让每一个员工都能将提供优质服务作为实现自我价值的最重要的途径和最基本的生活方式。

在一些企业中,管理层无法直接控制某些关键时刻的服务,有时甚至对整个服务过程都无法直接掌控。因此,他们必须建立某种机制,进行有效的间接控制。由于一线的服务人员与消费者之间的交互作用会在企业的文化背景及其实体环境中有所反应,因此,企业管理者要通过营造和维护一种企业文化来实行间接控制,这种文化必须要让员工感到"服务"这种行为可以对自己的思想和行动产生一种重要的引导作用,可以让自己的人格变得更完美,可以让自己的人生变得更有价值。

关于服务文化建设对员工行为的指导意义,可以从以下三个层次进行理解。首先,服务文化是在大力提倡优质服务的基础上形成。但这并不等于非得通过大张旗鼓的宣传活动对服务的重要性进行突出和强调,最好是用一种潜移默化的方式让全体员工都能认识到企业对优质服务是持一种重视和鼓励的态度。其次,优质服务不仅仅是针对合作伙伴或消费者的,对本企业员工也同样适用。向合作企业或终端消费者承诺优质服务只是服务文化建设的一个方面,而让企业中每一个成员都能体会到来自其他成员和各个部门的优质服务,则是服务文化建设的另一个重要方面。第三,在服务文化建设中,应当将优质服务作为一种自然而然的生活方式,成为企业员工进行自我评价的一个重要标准。

服务文化就是将追求优质服务作为企业经营行为的导向,将顾客满意观念和服务观念作为组织文化集中指向,让企业的每个成员都把向外部顾客和内部顾客提供令其满意的优质服务作为工作中最重要和最自然的规范。

通过服务文化建设,可以让员工的行为规范和行为方式更加正确、更加清晰,并且能够持之以恒地以恰到好处的方式处理各种复杂情况。当消费者的要求超出员工的预料时,员工也可以处乱不惊,以从容、恰当、高效的方式给消费者提供满意的答复。当企业的服务文化真正被员工认同和接受之后,他们的行为就不会再轻易偏离轨道,消费者对服务的满意度和对企业的美誉度也会相应提高。这种积极的服务态度和以服务为导向的价值观就可以在员工中代代相传。

企业的服务文化建设是一个漫长的、艰辛的、持续不断的过程,不可能一蹴而就,需要企业上下一心、步伐一致,共同努力。服务文化一旦被营造出来,就必须竭尽全力将其维护好、发展好,如果不能善始善终,就会前功尽弃,员工的服务态度还可能会倒退到最初的状态。

营造好、维护好、发展好企业的服务文化,可以从以下几个方面入手:

首先,建立、健全服务文化建设的组织领导机构。

企业要在各级管理者中培养一种以服务为导向的管理风格。为保证企业服务文化建设的健康发展推进力度,企业应成立一个由最高决策层和各部门的负责人参加的"联席会议"。这样便于协调各种纵向和横向的关系,企业服务文化建设也就有了制度上的保证。为了能够给员工提供持续的信息和及时的反馈,保证内部对话的正常进行,维持良好的内部营销关系,起到强化和鼓励员工的顾客导向和服务意识的作用,企业各级管理者的管理手段和管理风格需要做出相应的调整。当各级管理人员都能积极参与解决消费者遇到的问题时,在一线从事服务工作的员工就能获得更多的支持,他们对企业的满意度也会相应提高。每一个企业管理者都应当积极地、坚持不懈地参与到营造和维护服务文化的过程中来,通过各种各样的渠道对自己的下属员工进行鼓励和鞭策,让每一项服务内容都能不折不扣地落实到员工的行动中,企业的服务文化就可以在员工中代代相传。

第二,让企业的每一个成员都以积极心态参与服务文化建设。作为一项综合性的系统工程,服务文化建设需要全员参与,群策群力,共同努力,全方位通力合作,从而形成配合默契、互相协作的运作机制。

企业各部门的负责人以及所有基层的员工对提供优质服务是否真正认同,兴趣到底有多大,这对于一个企业的服务文化建设至关重要。当企业所有的成员,不论其身处高层、中层还是基层,都能积极参与到服务的过程中来,进而在企业上下形成了共同认可的服务价值观,就可以为消费者提供最上乘、最优质的服务。唯有如此,企业的服务文化建设才算真正收到了成效。

企业应大力开展服务思想教育。教育的对象就全体员工。教育的内容和方式就是持续地、反复地进行价值观、责任、态度、思想等方面的宣传和引导,并从艺术、美学、文学、哲学等各个角度进行服务文化的渗透。要通过这些教育形式,对服务文化进行深入的阐释和广泛的传播。要将服务文化系统地灌输到员工的思想深处,只有这样才能真正起到引导他们行为目的。

要让员工明白,"服务"从本质上来讲,就是人人为我,我为人人。也就是说,服务文化建设的核心是为了让所有的人生活得更美好。因此,在服务文化建设过程中要始终贯彻以人为本的思想。这里的"人"既包括消费者,也包括本企业员工。消费者通过享受优质服务可以提高自己的生活质量,员工通过为消费者提供优质服务可以实现自身的价值。要让企业的每一个成员从根本上认识到服务对于企业和其自身的重要性,以此来提高服务意识,树立正确的服务观念。

要利用各种手段,强化服务知识教育。可以通过墙报、板报、学习班、培训班、报告会、电视讲座、企业网站等方式进行宣讲,也可以聘请具有丰富实践经验的服务能手或公关专家对员工进行基础服务知识、服务礼仪知识、服务技术知识等方面的系统教育,从而充实员工的服务知识,提高服务意识。对那些成效不理想的员工还应该进行反复教育。一些重要岗位的服务技能培训可以先让企业最优秀的员工进行现场表演,然后将其制成影像资料,让其他员工观看学习。还可开展礼仪知识竞赛、服务技能表演赛等形式多样、内容丰富的竞赛活动提高员工的服务技能和服务热情。

要大力营造服务文化的氛围。在仔细研究、合理规划的基础上,设计一些宣传标志、创作一些艺术作品。这些标志和作品必须既能增加员工的服务知识,又具有较强的艺术性,营造出浓厚的文化氛围。要围绕服务文化建设开展各种积极的文娱体育活动。与周边企业、新闻媒体、学校及各类教育机构进行多边合作。企业要帮助员工建立起与消费者、合作伙伴、各种社会组织及广大社会公众的良好关系；让企业的服务文化建设得到社会各方面的支持和帮助。此外，企业还要在内部营造出一种和谐的氛围，让员工之间能保持一种积极、健康的友爱关系。

要对企业每一个成员的行为进行规范化管理。这是营造服务文化、提升服务质量必不可少的一个步骤。虽然有些企业成员掌握了一定的服务知识，服务观念也得到了一定的强化，但在工作实践中却依然会"违规操作"，这便是古人所说的"知易行难"。要想解决定个问题，只有借助于"规范"这一法宝。在全体员工中进行强化服务技能的训练，专门抽出一定时间，对每一个岗位、每一个员工进行一轮服务标准化训练，大力加强服务技能的标准化建设，从根本上提高员工的自身素质和服务技能。著名的"沃尔玛收银七步曲"就是将服务标准化的典型案例。他们要求员工在收银时要达到七个标准，例如，对顾客的态度要礼貌热情；语言要文明；如果附近的收款台前排起了长队而自己的收款台前顾客较少时，应主动招呼那些排长队的顾客来自己这里付款，等等。沃尔玛的鲜食部门也有"顾客服务三原则"，要求员工不得把商品往柜台上一扔了事，而是必须要亲自递到顾客手中。

建设服务文化的另一个有效手段是在企业的内部开展营销活动。在推出新产品、新服务以及进行与之相配合的营销活动时，可以先将自己企业的员工作为首批消费者。让包括各级管理人员在内的企业所有成员都能充分理解和完全接受企业的愿景、战略和战术，了解自身的产品和服务，了解顾客意识、服务导向和自身工作的重要性。当顾客意识和服务导向成为企业最重要的行为规范时，服务文化建设才能收到成效。

第三，要让服务文化推动组织文化建设，用组织文化建设保障服务文化建设。

服务文化基础是组织文化。需要转变组织的运作方式。在一些传统企业中,组织文化的服务导向可能并不明显,而且那些顽固的、滞后的、非服务导向的文化会严重阻碍企业的变革,让企业在新的挑战面前惊慌失措,甚至束手无策。企业要根据人员、系统、结构这三个要素的互相作用,改造自身的组织文化。通过深入而系统的服务文化教育、引入服务意识强的优秀人才、建立与服务文化相适应的薪酬分配制度和绩效考核制度等方式,将不再适应市场需求的非服务导向的文化转换成以服务为导向的文化。

企业要建立、健全服务管理机制。实行岗位责任制。将责任落实到每一个部门的每一个员工,建立起一个高效运作的企业服务管理网络。要完善各项与服务相关的规章制度,如规范的管理制度、科学的激励制度和严格的惩罚制度等。为了达到服务的目的和起到防损的作用,沃尔玛规定,员工哪怕再忙,也要暂时放下手中的工作,将顾客亲自带到他们要找的商品前面,而不单单是给他们指出一个大致的方向。在回答顾客的提问时,员工永远不要说“不知道”。员工必须要对与自己相隔三米以内的顾客保持微笑。由于很多中国员工不习惯对人微笑,因此,有的沃尔玛分店提出“每天向至少一位顾客微笑”的口号。此外,还有一条不成文的规定:“服务顾客”是唯一允许迟到的理由。在沃尔玛各部门和各分店最流行的三句话就是:顾客就是老板,顾客就是 No.1,顾客总是对的。也就是说,对顾客的过分要求,员工要做到打不还手骂不还口,否则可能会受到处分或被辞退。为此,沃尔玛还别出心裁地设立了一个“委屈奖”,既然员工通过“忍辱负重”为企业创造了利益,那么他就应该得到应有的尊重和奖赏。

当然,其他企业完全没有必要去照搬沃尔玛的经验。因为,作为一种全新的管理思想,企业服务文化也必须与企业的实际情况相结合,只有这样才能真正保持旺盛的生命力。企业服务文化建设必须结合企业服务管理工作的现实状况来进行,要根据企业的生产规模、技术能力、行业特点等因素灵活掌握。

快乐 e 行是一家商旅服务型企业。他们通过一系列努力,将企业文化很好地融入服务之中,收到了明显的成效。

首先,他们努力让服务在第一线的员工都能沉浸在浓厚的企业文化氛围之中。商旅服务型企业有着自己独特的企业文化,而这种文化需要与员工的价值观、人生目标等紧密地联系起来,才能达到行动上和文化上的一致性。通过这一努力,提高了员工服务积极性,让他们变得更加注重服务细节,提升了服务效率,强化了服务质量,也增强了企业的竞争力。

其次,企业的服务标准和管理流程都是以顾客为中心来制定和设计的。快乐 e 行为顾客提供了电话、手机无线、网站三个服务平台。顾客可以根据自己的需求随时随地选择最佳方式预订旅行服务。赢得顾客的最高满意度,让顾客旅程中获得最佳体验,是所有旅行预订行业都在追求的重要目标。为了让顾客在乘坐飞机时感到更舒适、更自由,快乐 e 行推出了免费的航班选座服务,让顾客能够在预订机票时就选择好自己想要的座位。针对经常出差的商务人士的需求,快乐 e 行推出了商务酒店联盟服务,实现了全国核心商旅城市的上千家三星级以上中高端商务酒店的强强联合,并且可以为会员提供积分返现等优厚待遇。这些都是快乐 e 行以用户需求为中心,加强企业服务文化建设的具体体现。

第三,激励员工的服务热情,增强员工对企业的忠诚度。提升顾客在服务中的体验,是企业服务的主要目标。对于一个商旅服务型企业,人力资源管理是非常重要。只有制定出具有实效性的人力资源战略,才能建设一支良好的服务一线的员工队伍。这一战略包括合理的奖惩制度、员工的职业生涯规划、员工应享受的权利、员工的职业培训等。这些举措都最大限度地调动员工的积极性和创造性,让他们可以为顾客提供最满意的服务。

总之,快乐 e 行的最高管理层已充分认识到,作为一个服务型企业,就应该对自己的文化本质进行深度挖掘。企业如果丧失了自己的本位文化,也就意味着丧失了意志和灵魂,尽管它在形式上仍然存在,但在本质上却已经消失了。这样的企业是无法承受市场施加给它的种种压力的。一个企业的服务文化应该有其独特的个性,而不应该盲目地模仿和跟风,如果企业的服务文化缺乏创新,那么这家企业必然会被市场所淘汰。

事实上,服务文化并不是只针对服务型企业而言的,生产型企业也同样需要建好服务文化。不同行业、不同所有制的企业,在进行服务文化建设时,可能会有不同的侧重,但大致都会遵循以下几个理念。

第一,是"5S"理念。"5S"是指"研究(STUDY)、灵巧(SMART)、诚恳(SINCERITY)、迅速(SPEED)、微笑(SMILE)"五个英文单词的第一个字母的缩写。"5S"理念具备相当的可操作性,人性化十足,是服务文化的代表性创新。

"研究"是指要不断学习和熟练掌握有关商品的知识,对顾客心理进行深入研究,努力提高自己的服务技巧。在日常工作中要留心揣摸顾客购物时所抱的心理,以及针对各种心理的顾客应采取何种更为有效的销售技巧和服务技巧。要做到这一点,就必须充分掌握与商品相关的专业化知识。只有这样,才能有备无患、有的放矢,取得更好的销售业绩和服务业绩。

"灵巧"是指在接待顾客时要干净利落,不能拖泥带水。例如在包装商品时动作要优雅、敏捷、到位,在解答顾客的疑问时要灵活、准确,不能夸大其词或遮遮掩掩。

"诚恳"是指工作人员在为顾客提供服务时要心存诚意,要竭尽所能,只有这样才能提升顾客对企业的信赖感和美誉度。真诚是所有参与服务的企业成员所应具有的最基本处事原则和工作心态。

"迅速"有两层含义。其一是物理意义上的高速度,也就是将提供服务所需要的时间缩至最短,不要让顾客抱怨等得太久。其二是演示时的高速度。服务人员可以通过充满诚意的动作与体贴入微的心灵交会,带给顾客一种满足感,让他们不再觉得等待是一种漫长的煎熬。是否"迅速"是衡量服务好坏,特别是是否具有热情和活力的一个重要标准。

"微笑"是指适度的微笑。服务人员只有真正从内心深处体会顾客的感受和诉求,才会抱之以真诚、自然的微笑。微笑传达给顾客的是一种体贴、健康、愉快的情绪,是对顾客表现出的感激之情和深度包容。

企业一切服务行为的主要目的就是赢利,但不可唯利是图。利润是对企业优质服务的回报。追求利润的过程,就是通过合情合理合法的奉献,赢得顾客的认可和满意,让他们无怨无悔地进行回报。因此,服务不可急功近利,不能用不正当的手段进行欺骗和敲诈。

第二,要牢牢把握让顾客满意的三个要素,要让顾客对企业形象满意、对商品本身满意、对企业服务满意。对企业形象满意就是社会公众对企业总体印象和综合实力的肯定评价。对商品本身满意是指顾客对商品品质的高度肯定。对企业服务满意是指顾客对自己所购买商品的售前、售中和售后服务均持一种肯定的态度。一件商品不论品质如何优良、价格多么合理,当它被推向市场时,都必须要借助服务来体现它的这些优势。顾客对企业的忠诚度在某种程度上正是由服务来决定的。

第三,顾客永远正确。由于顾客与顾客之间往往会产生"同病相怜"的感觉,因此,得罪了某一个顾客也就意味着得罪了所有的顾客。

最了解顾客需求和喜好的正是他们自己,而企业也只有处理好与顾客的关系才能真正搜集到对自己有用的信息。因此,企业的所有成员都应当将顾客当作自己的合作者,而不是给自己制造麻烦的人。

第四,企业每走一步,都将顾客放在首位。随着市场经济的发展,消费者的消费观念也发生了很大的变化。面对目不暇接的商品和服务,他们总会货比三家,然后选择自己认为质量最好的那一家。"质量"不单指产品的质量,也包括服务的质量。因此,企业必须竭尽所能地满足消费者的各种需求。企业的所有成员都应该站在消费者的立场去思考和研究"服务"这个课题,而不是站在自身立场上主观地提供服务。企业要完善自身的服务系统,对售前、售中和售后服务都要有所加强,有所侧重。如果消费者在使用商品时出现了问题,企业的服务人员应及时帮助他们解决,这样才能提升消费者对企业服务的满意度。对于消费者的意见和建议要高度重视,要让消费者和合作伙伴,以及更广泛的社会公众都有机会参与企业的决策。这样才能从源头上防止不满情结的产生。要通过优质的服务留住老顾客,并通过他们的口碑吸引新顾客。要对服务流程进行适时的变革,建立、健全一切以顾客为中心的管理机制,如建立对消费者的意见应做出快速反应的机制,等等。

4. 企业文化与商务谈判

对于一个企业而言,谈判不仅仅是战术行为,有时也决定着战略的成败。一次谈判的失败可能会导致企业的很多努力都付之东流。当企业面临兼并重组、战略合作、开拓关键客户等问题时,谈判更是直接决定企业的命运。

我们通常所说的谈判是指企业与企业的谈判。事实上,谈判还包括上下级之间的谈判、企业分支机构与分支机构之间的谈判、部门与部门之间的谈判，以及企业与最终消费者之间的谈判。最佳的谈判结果应与企业的终极价值取向相匹配，服务于企业的长远发展目标，而并非一场此进彼退的战争。

在涉及企业战略层面的问题时，谈判也必须从战略的高度来规划和进行。很多人往往只强调技巧。但技巧却是谈判双方都可以掌握的，因此对谈判结果并不能构成决定性影响。还有些人会强调方法，将谈判作为流程来分析，然后将谈判过程中的关键因素和问题进行分析、归纳和总结。这显然已经是站在一个更高的层面上，用规则或规律性的抽象内容来主导谈判。这需要谈判者根据实际情况制定具体的方法。

此外，还可以站在更高的层面去审视谈判这个问题。这是一种最有力量、最有价值、同时也是最难把握的方式，但往往能够击中要害。这类谈判自始至终都是以企业文化为支撑的。要进行这类的谈判，首先要做好三个方面的准备：首先，要对本企业的优势和劣势进行全面分析，要明白哪些显性的或者隐性的综合影响因素是可以被企业利用的，还要明白企业自身的需求。其次，要明白对方的优势和劣势，对方可以利用的筹码，以及对方的需求；第三，要对谈判的大背景、大环境有宏观的认识，也就是要明确此次谈判在企业整体战略中的地位，以便决定取舍。

在与欧美企业的谈判过程中，中国企业很少能够取得对等地位，大多数都会显得被动。这其中大致又可分为两种情况：一种是表现得盲目自大或者一意孤行，有些企业甚至会显得盛气凌人。在这种心态的左右下，这些企业在谈判进行之初可能还会守住一定的底线，但是其薄弱之处很容易被欧美企业以高度理性的方法击中，中方谈判代表的心理防线也随之崩溃，在晕头转向、失魂落魄之际，往往会做出一些让双方都感到吃惊的让步。另一种是自己本身就缺乏明确的价值"立场",不明白自己的诉求,因此很容易被对手所左右。

因此,在以企业文化为支撑的谈判中,应大致遵循以下几个步骤:

首先,明确自己的诉求。企业文化在此时起着核心作用。如果企业有着有效的、明确的、清晰的理念导向,就能够很快分析、归纳、总结出通过这次谈判达到哪些目的,谈判的底线。只要明确了这两个要素,谈判就被控制在可控制的范围之内。

第二,对自身的优势进行梳理。其核心仍然是企业文化。梳理总结企业的核心优势及成功做法是企业文化最关键的作用之一。在企业文化的引领下,企业不必临时拼凑材料。特别是当谈判双方对利益的争夺达到白热化时,可以利用企业文化来系统化地表明自身的优势,突出自身的优越感,以出乎意料的方式突破对方的心理防线。许多欧美公司常会使用这一策略。从谈判一开始,他们就不是在卖产品或者卖服务,而是在"卖企业"。在他们眼里,企业价值观才是最优良的"商品"。通过对企业文化中的精华部分持续不断的强调,让对手在不知不觉中,接受自己的价值观,从而落入自己的"圈套"之中。

第三步,对对方的状况做出正确的分析和判断。在谈判中,双方心理状态都是"半信半疑"。因此,要善于从对方的疑惑入手,让他们对已确信的东西再次产生疑惑,达到这个目的,谈判就有了很大的把握。当企业以有效的、鲜明的文化做依托时,就能够以自己的文化为镜子,对对方的优势和不足进行检验。而对方对于自身的不足之处,往往会表现得焦虑、担忧,且束手无策。这时,企业就可以强调自己的优势,反衬出对方的弱点和问题,进而在谈判中占据主导地位,并将其转化为实际的价值。

第四步,对"外势"进行系统规划。如果双方实力相当,并且都采取相似的谈判方法来影响对手,那么就会相互抵消各自的努力。此时应通过企业文化的总体导向(如价值观或愿景)来进行梳理,总结出哪些问题是重要的、哪些是比较重要的、哪些不重要的。然后在理念引导下,通过系统的规划来找出一种双方都能接受的方案。

第五步,突出企业文化的特色。企业文化内容往往是竞争对手较为关注的重点之一。这是因为,在谈判过程中,双方都会通过种种迹象来判断对方状况,并决定采取何种对策。如果一家企业的企业文化具有方向性和活力,能突出重点,就容易被对手所认同。而这种认同也可以作为谈判中的筹码,会影响到双方利益的均衡。某企业的谈判人员就总是在欧美的谈判对手面前强调优质服务和优质产品,强调他们如何响应客户需求,专门在北美建立了一支服务队伍,提供优质服务。通过不断强化这一服务的理念,终于赢得了一些大客户的认可,能够以较高的价格向这些客户提供产品。这些客户从来没有抱怨价格太高,反而主动向他们推荐其他的客户。

上述这些方法和步骤,都是以企业文化为核心延伸出来的,经过实践证明是行之有效的。如果企业能够坚持以文化为核心,在各种较小的谈判中充分锻炼这一能力,那么企业文化建设也就在新的战场上获得了小的胜利。随着企业文化建设的进一步成功,这一谈判方式可以逐步引入较大的谈判之中,企业的综合谈判能力会显著提升,企业文化建设和谈判才会真正成为创造利润、加速企业发展的重要力量。

谈判桌上常常风云莫测,既是两队谈判人员的竞技场,也是两家企业综合实力展示场。除了胜负之外,有时也会出现平局。有些企业出于种种原因,会让那些谈判者孤军奋战。事实上,谈判能力不仅是谈判者个人的能力,更是企业的主要竞争力之一,它可以为企业创造长远的价值。

例如,一家企业的谈判人员在接到了高层下达的将采购成本下降若干个百分点的硬性谈判指标,但高层却没有对此做任何的解释说明。那么,对于这个谈判人员来说,只有无条件执行这一条路可走。

当他要求供应商降低价格时,对方则以如果下调价格就无法保证品质来婉拒。结果,这次谈判就无果而终了。谈判人员向上司汇报了这一结果,得到的答复是:采购成本要降,产品质量不能降。结果,谈判人员只能是欺瞒上司,与供应商达成协议,供应商下调了价格,谈判人员也相应降低了对质量的要求。最终的结果可想而知,企业由于原材料质量问题导致了产品质量问题,损害了自己的品牌声誉,使整个企业陷入危机。

如果这家企业拥有内部可以无障碍沟通的良好的企业文化,那么当企业面临短期的财务压力时,他们完全可以找到比强行要求降低采购成本更好的方式去解决这一问题。例如投资部门可以延时对外收购项目的资金投入、生产部门与采购部门可以协调一致提高存货周转率、销售部门可以加大应收账款的催收力度,等等,这些方式均可解决企业资金链吃紧的燃眉之急,而不必采用如此饮鸩止渴的方式,逼迫长期合作伙伴降价,使企业的行为与企业的目标背道而驰。

一位谈判人员,理应在企业内部左右逢源,而不是左右掣肘。企业应该构建一个完整的企业谈判培训系统,使每一个谈判人员都能为企业做出贡献,而不是消耗企业的力量。

很多人在涉及关于谈判的话题时,总是强调如何提高个人谈判能力,甚至片面追求谈判的技巧。对此,有的管理学家提出了"共赢推动谈判"理论。这一理论认为,一种科学的理论不能够只是泛泛而谈,更要详细地解释某种原则或具体策略是如何在一个特定的组织环境中帮助谈判人员取得成功的,以及取得成功的原因是什么。"共赢推动谈判"理论重在阐释如何提升企业的整体谈判能力、建立能够与现实对接的行之有效的培训体系,从而对企业那些不合时宜的指标奖惩系统进行重新修订,使企业的激励机制能够真正收到成效,促使每一个谈判人员都向着终极的、"赢"的目标前进,而不是受困于短期绩效考核的压力,固守部门利益壁垒,各自为政,甚至互相掣肘。与此同时,企业要不断加强自己的文化建设,让企业文化的力量来支撑企业的谈判。这一点并没有引起广大企业管理者的重视,企业因此浪费了大量的谈判培训资金,却无法收到应有的效果。

5. 企业文化与危机公关

在残酷的市场竞争中,危机无所不在,并且常常会在企业毫无防备的情况下突然降临,给其致命一击。危机的发生是难以预料的,但也是正常的,没有一家企业会永远顺风顺水。当危机降临时,如何将其造成的损失降至最低,如何从中寻找转机,是关系到企业生死存亡的大事。

从表面上看,危机公关似乎更像是一场心理战。企业的某一负面信息被大范围披露之后,公众出于自我保护心理,一般都不会表现出太多的质疑。由于中国企业信用的机制不完善,公众对身陷危机的企业更是"残酷无情",他们中的绝大多数人不都会去深究那些负面信息的可信度到底有多高,而只会表现出一种被蒙蔽、被损害者的强烈义愤。此时,如果企业相关责任人也带着一种消极的、负面的情绪来处理危机,结果肯定不会理想。相反,如果他们的情绪是积极的、正面的,结果就会好得多,甚至可以转"危"为"机"。

从更深层次来看,企业的所有经营管理行为都是其企业文化的真实反映,危机公关也是如此。如果没有强大的企业文化作支撑,那么即使拥有再过硬的危机处理心理、运用再多的危机处理技巧,恐怕也很难收到良好的效果。以下几个案例可以充分说明这一点。

众所周知,可口可乐公司拥有广阔的全球市场、一流的品牌和雄厚的无形资产。但就是这样的企业,也难免会遭遇危机。不过,可口可乐公司的危机关公能力也是世界一流的。

　　每年夏季都是可口可乐消费旺季。但在1999年6月,法国和比利时的消费者却因为饮用可口可乐而出现身体不适,甚至有食物中毒的症状。这引起了欧洲公众的恐慌心理。比利时、法国、荷兰、卢森堡等国政府相继宣布对可口可乐实行禁售,中国政府的相关部门也对可口可乐(中国)公司进行了检查。这对可口可乐的品牌形象和企业形象造成了极大的损害。

　　这一危机引发了全球性的关注。可口可乐公司为了能够转危为安,采取了如下举措:第一,公司所有高层管理者亲自赶赴比利时和法国处理饮料污染事件,并向受害者道歉;第二,为了能够赢得公众的信任,他们委托比利时的一家独立的卫生检测机构对事故原因进行调查,并向公众公布了调查结果;第三,宣布污染事件只是偶然事件,并且只是发生在部分地区,这样就清除了其他地区的销售障碍,例如可口可乐(中国)公司在经中国政府相关部门的检查合格之后,反复通过媒体向中国公众说明受污染饮料并未进入到中国市场;第四,在处理危机的过程中,将信息的发布源牢牢掌控在自己的手中。

　　通过这次危机公关,可口可乐公司在最大程度上避免了进一步损失,很快便恢复了正常的生产经营秩序。出人意料的是,刚刚经历过重大危机的"可口可乐"竟然以720亿美元的无形资产成了2000年中国中央电视台公布的世界第一品牌。

　　2011年,中石化广东公司发生了"天价酒"事件,引起了社会广泛关注。中石化这个中国石油行业的巨头也陷入了突如其来的危机之中。对此,他们采取了以下一些关公策略:

　　首先是在官方网站发布了一些相关的报道,向公众举例说明自己企业一贯厉行节约,例如,对加油站开灯关灯有详细的规定,办公场所要求人走灯灭;大葱的葱白和葱叶会分开使用,萝卜也会分部位进行红烧或凉拌；在备餐的时候，食堂的灯不会全部打开，够用就行，等等。机关服务中心餐饮处的相关责任人也向媒体重复说明了这些情况。

我们不得不说，中石化拿大葱和萝卜来进行公关，的确可以拉近与普通百姓的距离，表面看来不失为高明的公关技巧。但事实上，效果并不理想。因为，公众看到的不是他们对"天价酒事件"的沉痛反思，而是一种"瑕不掩瑜"的心态，是在标榜自己拥有厉行节约的优良传统，是在正面包装自己的形象。

此后，在北京召开新闻发布会上，中石化宣布对广东分公司总经理鲁广余降职使用，由他个人承担13.11万红酒的费用。

此外，中石化董事长傅成玉表示，民营炼油企业的炼油能力占到总产能的25%左右，如果不提高国内成品油价格，民营企业就会闹"油荒"，就会停产。中石化现在每炼一桶油都要亏损20美元，但无论如何亏损，他们都会保障供应，因为自己是中央企业。

这种对竞争对手的关怀和体恤之情，似乎可以改变中石化公司因"天价酒"事件而受损的公众形象。但事实并非如此，很多网友认为：这种危机公关的艺术，简直就是一种忽悠人的"艺术"！

危机公关是一场攻心战，但不能逃避责任，应该将心比心，拿心换心，敢做敢当。没有"艺术"的艺术，才是最高明的艺术。"天价酒事件"之所以会引发社会的强烈不满，更深层次的原因是，公众对腐败现象的极度痛恨，而中石化似乎并没有意识到这一点，在处理危机时，没有抓住这一关键，而是一味"扬长避短"、"避重就轻"，这是公众所无法接受的。因此，这样的危机公关，必然是弄巧成拙。

三株口服液20世纪90年代红遍中国的品牌，其广告铺天盖地，遍及城乡各个角落。三株公司的创始人吴炳新父子以30万元起家，第一年便实现了1.25亿元销售收入，上缴利税2100万元。于是，他们超常扩张，以迅雷不及掩耳之势，在全国建起了2000多个办事处和

600多个子公司,拥有销售队伍15万人,营销网络仅次于中国邮政。到1997年,其销售额已达到70个亿,上缴利税7个亿,创造出中国保健品发展史上的"三株神话"。吴炳新被《财富》杂志评为1997年的中国首富。他预测,至20世纪末,三株公司的产值可达到900亿到1000亿元,成为中国第一纳税人,并且能在21世纪将人类寿命延长10年。然而,神话很快就破灭了。

1996年6月,77岁高龄且身患多种严重疾病常德老人陈伯顺,在经医生推荐服用三株口服液三个月后病故。同年12月,其子陈然之对三株公司提起诉讼。常德市中级人民法院于1998年3月31日做出一审判决:消费者陈伯顺喝了三株口服液后导致死亡,由三株公司向死者家庭赔偿29.8万元,并没收三株公司非法所得1000万元。

此案一出,举国皆惊。"三株红旗还能打多久"、"谁来终结'三株'"、"8瓶三株喝死一老汉"等爆炸性"新闻",成为全国各大小报刊争相报道的热点。但三株公司对这突如其来的危机事件并没有相应的预防系统和管理措施。三株口服液上年的月销售额为2亿元,一审判决后第二个月,销售额就下降至几百万元,15万销售人员只剩下2万,直接经济损失达40亿元,生产经营已举步维艰。尽管1999年3月,湖南省高院做出终审判决:三株胜诉,驳回陈然之等人的诉讼请求,但三株公司已元气大伤,根本没有能力东山再起。

三株神话之所以会迅速破灭,表面的原因是,管理层没有危机管理意识,缺乏科学的预警系统。在处理危机时,缺乏系统的指挥,无法总揽全局和进行有效引导;面对危机没有做出迅速的反应、贻误了最佳时机,而且在整个过程中都没能拿出富有实质性和创造性的解决方案;没有与新闻媒体建立良好的合作关系,没有进行有效沟通,致使负面信息无限扩散。但更深层次的原因却是:企业最高决策层好大喜功,过分追求表面轰动效应、短期效益和资本扩张;投机心理严重;在经营活动中忽视了公众的利益。而这一切，都是企业缺少积极向上的价值观的表现，是企业文化建设不成功的表现。

上述三个案例，从表面来看，都是在证明危机公关中的"技巧"或"方法"的重要性，但事实上，却恰恰证明了企业文化的重要性。可口可乐公司在危机发生后，首先选择的是道歉，这就充分体现了一个全球知名企业的社会责任感。中石化虽然也在一程度上做出了"检讨"，但总是给人一种不够真诚的感觉。这是一种企业价值观有所扭曲的表现。三株公司认为自己不是真正的过错方，因此放弃了与当事人进行面对面的交流和沟通，而是"硬碰硬"地一味通法律途径解决问题。这是一种"没有文化"的表现。因此，我们说一个企业要想从危机中顺利脱身，没有强大的企业文化做支撑是绝对办不到的。

随着市场竞争的日趋激烈以及经济法规和媒体监督的逐步完善，公众已经看到了越来越多的企业危机事件，可以说明中国企业已进入了危机高发期。那么，企业管理者应该如何应对危机，并且从危机中寻找转机呢？

首先，要有承担责任的勇气，而不是一味逃避和推脱。这在很大程度上取决于企业文化的力量，上面我们提到的可口可乐的案例便是很好的诠释。

第二，建立一套危机管理体系。要善于发现潜在危机。因为如果不能及时处理潜在危机，就会"千里之堤，溃于蚁穴"、"一招不慎，满盘皆输"，甚至血本无归。而要发现潜在危机，就需要加强企业的质量文化建设和诚信文化建设。此外，还应当将危机公关纳入到企业的战略之中，建立、健全危机管理体系，做到防患于未然，以便保证企业的持续健康发展。

第三，保证信息沟通渠道的畅通。要想制定出合理的危机战略，首先要获取充分的信息。危机战略的执行情况，会受到企业内部的信息沟通渠道的影响。如果有着畅通的信息传递渠道，负责具体执行的部门就能很好地理解上级管理者的意图，从而做出与危机战略相符的行为。解决沟通渠道的问题，就必须加强企业组织文化建设。

第四，在处理危机的过程中要统一事权。要在企业内部建立危机公关机构，明确其职权。只有这样才能确保危机管理体系有效运作。危机公关机构应具有高度权威性，并尽量不受外部因素的干扰，以保持其公正性和客观性。也就是说，当危机降临时，要有专人来领导，告诉企业的其他成员，发生了什么事，大家应该怎么做。这同样需要加强企业的组织文化建设。

第五，要有能力在危机刚刚萌芽时就将其化解。随着信息传播速度的日渐加快和传播方式的日渐多样化，企业的危机公关工作所面临的挑战也越来越大。如何对危机公关工作进行调整和改进，如何加强危机的事前、事中、事后管理是企业必须深入研究的一项重大课题。危机事前管理就是发现潜在危机，并采用有力的措施将其消除，做好事先预防。要做到这一点，就需要加强企业的质量文化、诚信文化和服务文化的建设。

第六，保持清醒的头脑，做出明智的决策。危机是考验一家企业公关能力的试金石。当危机来临时，企业管理者的每一项决策都是有风险的。决策得当可以转危为安、转危为机，决策失误则后果不堪设想。因此，当危机来临时，应冷静分析，仔细权衡，从情感和利益两个方面都做出最正确的决断。这是一位企业管理者所应具备的重要能力。要想做到这一点，必须加强企业的管理文化建设。

总之，危机不会随着管理者的意志而转移，企业无法从根本上避免危机，但应该做有效预防和合理应对。随着市场经济的进一步发展，企业之间的竞争越来越趋向于文化力的竞争。企业危机公关必须依靠企业文化作支撑，如果只是一味强调技巧，则很可能会弄巧成拙。

第四章

企业文化与企业战略

1. 企业文化与企业价值观

企业的价值观是指企业在长期的生产经营实践中形成的行为准则和管理理念,它是企业在经营过程中所奉行的基本信念和追求的最高目标。企业价值观是对企业存在意义的终极判断,是企业文化的基石和核心。

因此,企业价值观必须要被企业的绝大多数成员所认同。只有当一个企业的绝大部分员工的个人价值观趋于一致时,才有可能形成企业的价值观。企业如人,人的行为是由他的价值观所主导的,企业的日常管理和经营行为的内在依据就是这个企业所推崇和信奉的价值观。大量事实证明,企业的生死存亡在很大程度上取决于企业价值观建设的成败。因而,注重企业价值观的建设,特别是让员工真正认同和传播自己企业的价值观,是很多优秀企业的成功秘诀。而要想让员工真正理解企业的价值观,就要用具体、生动的语言将价值观表述出来,而不应该用过于一般化或抽象难懂的语言来表述。

下面我们来看一看一些国内外知名企业的核心价值观。

本田汽车:实现顾客利益的最大化。

福特汽车：客户满意至上，生产大多数人买得起的汽车。

波音公司：永为先驱，尽善尽美。

百事公司：身体力行、开诚布公、多元化、包容性。

海信集团：创造完美，服务社会；敬人、敬业、创新、高效。

格兰仕：不断创造。

北大方正：爱心创造和谐、理性铸就成长、创新改变命运、激情成就梦想。

东风汽车：关爱每一个人，关爱每一部车。

吉利控股：创造超值生活，造老百姓买得起的车。

长虹集团：祖国与公司同在；事业与家庭同在；个人与集体同在；竞争与团结同在；务实与创新同在；批评与自我批评同在。

康佳集团：创新生活每一天，对外是承诺，对内是目标。

凤凰卫视：开创新视野，创造新文化。

路港集团：奉献完善道路、实现自我价值。

广发证券：知识图强、求实奉献。

红塔集团：人的价值高于物的价值；共同的价值高于个人的价值；消费者所看重的价值高于企业的利润价值。

华为技术：以客户的价值观为导向，以客户满意度作评价标准。

蒙牛乳业：人的价值大于物的价值；企业价值大于个人价值；社会价值大于企业价值。

不同类型的企业，其价值观的表述应使用不同的语言，以避免雷同。要做到这点很不容易，但必须认真对待。价值观的表述可以将自己企业对内、对外的态度与同类企业区别开来，因此，这种表述实质上反映了一个企业的基本特征。

企业价值观的作用主要表现在以下几个方面。

第一，企业价值观能够让企业更有凝聚力，能够激励员工释放出更大的潜能。一个企业要想具有生机和活力,必须要借助企业的整体合力。合力越强,企业的活力也越强。企业的核心价值观就是指导企业全体成员如何做事的行为准则和原则。企业价值观可以反映和强化企业所崇尚的文化。价值观可以帮助企业达成其愿景,实现其使命,也可以引导和支持每一位员工做出正确的决定。很多企业在描述其价值观时都会将诚信、公平、坚持不懈的努力、注重环境保护、尊重员工人个性、超越顾客期望等内容包括进去。

第二,企业价值观可以对企业成员的行为起到规范作用和导向作用。在企业的管理意识中,价值观占主导地位。它可以让企业的领导者和员工在更多的具体问题上达成共识。企业运营成本可以因此而降低,企业的经营效率则会因此而提高。企业价值观不是通过规章制度等硬性管理手段对员工的行为起规范作用和导向作用的,而是通过共同意识和群体氛围来达到这一目的。

第三,企业价值观决定了企业的基本特性。在不同的社会历史条件下,人们对价值的判断也会有所不同。但某些最重要、最根本的价值却是不变的。这是判断其他价值的基础。人们会通过一定的方法和标准将其他价值"折算"成这种基础价值。作为独立的文化共同体和经济实体,企业也必然有着它的基础价值观。这种基础价值观是企业在生产经营实践中逐渐形成的,已深深地打上了它自身的烙印。企业的个性便是由这种基础价值观决定的,企业的发展方向也是由这种价值观规定的。如果一个企业把追求利润作为基础价值观,那么,当信誉、创新、社会责任等与利润发生冲突时,它必然会选择利润而抛弃其他。

第四,企业价值观是企业生存与发展的精神支柱。企业管理者和其他员工用来判断事物的标准就是企业的价值观。企业价值观一经确立,并成为企业全体成员的长期共识,甚至是几代人的共同信念,是企业长久的精神支柱。当企业的价值观与员工个人的价值观相一致时,员工就会把个人的奋斗与企业的成长结合起来。企业在发展过程中,难免会经历坎坷,如果它的价值观真正被全体员工所接受,并能激发他们的自豪感,那么企业就具有了强大的精神支柱,就可以克服各种困难。

著名管理学家柯林斯在研究了美国 700 多家优秀企业后得出这样的结论:高瞻远瞩的公司首先就是有一套核心价值观。企业的领导者应该做一个造钟的人,而不是一个报时者,也就是说领导者的首要任务是为组织确立使命、愿景和核心价值观。

小托马斯·沃森是 IBM 的第二代领导者。他认为,任何一家企业为了谋求生存和获取成功,都必须拥有一套健全可靠的信念,并在此基础上提出自己的各种策略和各项行动方案。在企业获取成功的过程中最为关键的一个因素就是,始终恪守这些信念。

企业价值观与企业的战略发展有着密切的关联,它是企业在实现战略目标的过程中必须遵守的行为准则。

企业价值观可以在很大程度上影响到企业的绩效。一些企业因为拥有"外向型"的价值观,各类成长性指标表现良好,例如,销售收入不断增加、市场占有率不断扩大等。一些企业因为拥有"内向型"价值观,在员工满意度和运营业绩等指标上表现良好,比如,员工满意度不断提高、投资回报率不断提高、产品质量不断提高等。价值观的持久性和稳定性可以确保企业业绩的持久和稳定,表现在销售回报率、资产回报率、投资回报率等方方面面。

有人也许会追问:哪一类型的核心价值观更好呢? 事实上,并没有千篇一律的答案,没有绝对的答案。企业的核心价值观与企业的发展战略、企业的经营理念、企业的发展历史都息息相关。一种价值观只要能够产生强大的竞争力和凝聚力就是积极的、健康的价值观,就应该被企业所推崇,被员工所接受。例如,联想公司在内部营运方面提倡精准求实,在员工协作方面提倡诚信正直,在内部控制和外部发展方面提倡成就客户、顾客导向,在灵活管理和外部发展方面提倡创新精神。

三洋公司创建于 1950 年,它的前身是三洋电机制作所。经过 50 年的发展,目前三洋已经是一家大型现代化企业集团,在全球拥有的分公司和营业所数量已达到 101 家,员工超过 45000 名。年销售总额连续数年均超过 110 亿美元,世界的各个角落都可以看到三洋的产品。在环境保护技术、冷冻储运技术、太阳能光电技术和锂电池技术等方面,三洋已处于世界领先地位。三洋公司曾一度以资产总额224.79 亿美元,净利润 2.02 亿美元,营业收入 147.27 亿美元的业绩,名列世界 500 强排行榜的第 277 位。

三洋公司的发展和成就与它的企业值价观有着极大的关系。21世纪企业的主题是环境伦理和环境保护。三洋公司的决策层对此有着清醒的认识。他们在企业文化建设的中,把对员工进行可持续发展教育和环境知识教育作为最重要内容,把环境保护和节约能源作为企业的核心价值观和企业的生命。这充分显示了他们决策的前瞻性,具有深远的历史意义。三洋公司的企业口号是:热爱地球和人类。他们的企业理想是:让人类生活更美好、更温暖、更舒适。为此,三洋公司启动了多媒体事业和无污染能源事业。多媒体事业的主题是"度过丰富多彩的人生",无污染能源事业的主题是"存在舒适空间",这些都是三洋公司基本的企业理念。他们把 21 世纪企业发展的核心定义为"共存",包括"企业与劳动者的共存"、"与世界各国的共存"、"经济发展与地球环境的共存"等几个方面。三洋公司开发出了大型吸收式冷冻机、太阳能电池、无氟空调机等环保产品,以确保"经济发展与地球环境的共存"这一理念的真正实现。他们将公司的科技力量集中使用,设立节能委员会和氟利昂对策委员会,切实保障技术、企业和环境的和谐发展。这些都是他们企业价值观的具体体现。

文化是企业的灵魂,优秀的文化可以让企业变得更有魅力。企业文化一旦被员工认同,并在实践中体现出来,就会转化为深层次的核心竞争力,成为企业发展的强大动力。

兰州石化公司是中国石油股份有限公司下属的炼化企业,曾以年生产乙烯 37.7 万吨、加工原油 531.1 万吨的产量以及可观的化工盈利指标和销售收入雄居总公司炼化企业之首。

兰州石化根据时代发展的需求和自身实际,努力加强企业文化建设,努力进行思想文化的融合、创新与再造,并以此作为提升企业核心竞争力、优化和整合企业资源的重要途径。他们的指导思想就是用先进文化引领企业发展。企业发展的重要战略之一就是建设先进的企业文化。

通过全公司上下的广泛深入研讨,在对新的思想理念进行提炼和概括的基础上,兰州石化编撰并颁布了《企业文化手册》。实施以人为本,做到"四个千方百计",践行"两个全心全意"的管理思想,以及奉献能源,创造和谐为宗旨的完整的企业文化理念。他们将"利他性利己"作为企业的核心价值观。通过践行这一价值观,增强了企业的向心力和凝聚力,促进了企业的和谐、快速发展。

兰州石化倡导这一价值观的目的,就是要引导企业和员工把自身的发展与国家、社会、民族的发展相融合,通过为社会、为企业、为他人创造物质和精神财富来体现、提升和实现自身价值,将自身的公平利益寓于为他人服务的过程之中,让自身价值与自身利益相统一,让员工明白,不能只单纯追求个人利益,而是要在追求共同利益的过程中求得自身利益;不能只追求物质利益,同时也要追求精神利益;不能只单纯追求物质利益,而是要力求全面实现个人价值。要在共同发展、互利双赢、利益均等的基础上，实现利己与利他的统一。

兰州石化明确要求各级管理者要如同孝敬父母一样，全心全意为员工办好事、办实事；如同教育子女一样，努力提高员工的知识和技能水平。对于员工的物质和精神需求，要千方百计加以满足；对于员工身上的潜能，要千方百计加以发掘，要充分调动员工的主动性、积极性和创造性，帮助他们增强生存能力和发展能力。同时，要千方百计提高员工的收入，增进他们的福利，解决他们在工作期间的吃饭、喝水、洗澡等实际问题，为员工新建经济适用房、团购商品住房，对厂区环境加以整治，设立扶贫帮困基金，开展各种各样的文化体育活动等，真正将实事办好，好事办实，让员工充分感受到来自企业的关爱。

通过以"利他性利己"为核心价值观的企业文化建设，兰州石化的生产力得到很大提高，其重点工程——大乙烯工程建成投产仅用了18个月，比国内同类工程建设节省了足足半年的工时。在工程建设高峰时期，工地上汇聚了近20家设计、施工、监理单位，人员数量超过万人。对于这些来自五湖四海的建设者，兰州石化免费为他们提供医疗检查和治疗，设立了众多的医疗救助点和茶水站，先后投入的资金超过20万元。为保障施工人员的安全作业和身体健康，大乙烯指挥部对每一家施工单位的食堂都会进行经常性检查。制定了许多人性化的制度，这些制度是施工单位在其他地方从来没有被要求过的。例如，必须为施工人员配备正规的劳保用具，必须为施工人员解决休息场所，中午必须停工让施工人员休息两小时，等等。这些都充分体现了兰州石化"利他性利己"的价值观，具体来说就是"尊重别人就是尊重自己，相信别人就是相信自己，帮助别人就是帮助自己。"

在大乙烯工程的建设过程中，设计单位、施工单位的人员，对兰州石化"利他性利己"的文化理念感触颇深。一位项目负责人表示，兰州石化是自己见过的最好的业主。他们的管理特点就是追求和谐，他们千方百计帮助参加工程的所有单位解决实际问题,帮助这些单位打造品牌。让所有参加工程建设的单位和人员都真正理解了什么是"利他性利己"的价值观。

只有把客户真正放在心上,客户才会将心比心、以心换心。在大乙烯工程的建设过程中,施工方通过优化施工、设计方通过优化设计为工程节省了大量的投资。参加工程建设的某压力容器厂,推掉了很多其他企业的订单,以确保按期为兰州石化交货。某制造单位不惜将车间大门拆掉,也要保证将超长的设备运出来。

兰州石化公司在处理与合作伙伴的经济关系上,既考虑自身利益,也主动考虑供应商和客户的利益,重合同,守信用,追求利益公平,互惠互利,依法经营,多次被评为全国"重合同、守信用单位",与近千家供应商建立了战略合作伙伴关系。

作为甘肃省工业100强之首、甘肃省第一税费大户,兰州石化以自身的高速发展带动了甘肃省的许多其他企业的发展,最大限度地促进了市场繁荣,为石油化工产业链的合理延伸开拓了广阔的空间。他们积极参与社会公益活动,大力支持干警英烈抚恤基金、残疾人就业培训基金、省市见义勇为基金和兰州市政建设,组织开展青年志愿者活动和阳光助学活动,向甘肃省庄浪县投资新建校舍,为成绩优异初、高中学生发放奖学金。

这一切都说明,"利他性利己"的价值观不但体现在兰州石化与合作伙伴的关系中,更体现在他们促进国家、民族与社会的繁荣进步的行动中。他们主动承担了维护国家经济安全和能源安全的历史使命,积极履行了企业的社会责任、政治责任和经济责任。

2. 企业文化与企业愿景

人类因梦想而伟大。一个企业也同样需要有梦想。企业的梦想通常被称为企业愿景。企业愿景是企业文化的重要组成部分。

严格来讲,企业愿景是指企业的长期愿望及未来状况,也就是企业的发展蓝图。它回答的是企业存在的意义,企业未来会是什么样子,将对社会做出哪些贡献等根本性的问题。它体现的是企业的永恒追求,是企业的战略定位和发展方向。企业愿景是激励企业不断进取的力量之源。

企业愿景包括两方面的内容,一是企业的核心信仰,二是企业的未来前景。

企业的核心信仰包括企业的核心使命和核心价值观。它用来规定企业的基本价值观和存在原因,是企业长期不变的信条,如同把组织聚合起来的黏合剂,核心信仰必须被组织成员所共享,它的形成是企业自我认识的一个过程。核心价值观是一个企业最基本和持久的信仰,是组织内成员的共识。未来前景是企业未来 10 至 30 年欲实现的宏大愿景目标及对它的鲜活描述。

大量的研究证明,那些世界知名的企业都有着明确的企业愿景并成功地将其扎根于员工心中,那些没有明确愿景而只是一味追求销售业绩的企业,是根本无法做大做强的。设定一个能被全体员工所接受和认同的企业愿景,是一个企业从平凡走向卓越的起点。

将愿景作为企业文化的一部分,并用它来引领企业的发展,是一种源自美国的管理理论。100 多年前,亨利·福特向世人宣称,他的愿景是让每一个人都拥有一辆汽车。当时,很多人都认为他是痴人说梦。但是,在今天,他的梦想已实现,这就是愿景的力量。

愿景与目标不同,目标具有短期性和清晰性,而愿景则具有长远性和模糊性。愿景似乎是一种处于“可实现”与“不可实现”之间的“模糊目标”。正因为如此,它才会比目标更具吸引力,更能激动人心。愿景可以带给企业的每一个员工一种热情和冲动。如果一个管理者在与员工分享愿景时,达不到这一效果,那么,这一愿景的设立就是不成功的,就需要做出调整。

愿景的逻辑表述和哲学内涵应当是"你想成为什么,所以你能成为什么",而不是"你能成为什么,所以你想成为什么"。企业愿景可以激发管理者和员工的无限潜能,让他们在为企业愿景奋斗的过程中,实现自己的人生愿景。这就是愿景的实质和魅力。

梁伯强被称为中国的指甲钳大王。在进入这个市场之前,他通过做全球性调研,将"成为世界指甲钳冠军"作为企业的愿景。他重金聘请人才,设立高标准的研发中心和测检中心,广泛搜集国内外技术参数,认真研究目标竞争对手,对经销商充分让利,逐渐取得了行业领导地位。之后,便提高竞争门槛,通过自己的技术和营销优势,巩固了这一地位。我们不得不说,梁伯强是一个"野心勃勃"的人,他在一个小小的指甲钳上,体现了一个中国企业家的雄心壮志。这是典型的"我想成为什么,所以我能成为什么"的案例。

各个企业对自己愿景的描述均有所侧重,大致包括以下几类。

第一,赢得客户的青睐。企业最根本的愿景应该就是让客户满意,客户满意是企业走向成功的决定性因素,如果一个企业其他方面都做得很好,而唯独无法赢得客户青睐,那么它所做的一切工作也就全都失去了意义。例如,索尼公司就将其愿景设定为:成为最知名的企业,改变日本产品在世界上的劣质形象。

第二,让企业变得更强大。例如,AT&T公司的愿景是:建立全球电话服务网;腾讯公司的愿景是:成为最受尊敬的互联网企业;迪士尼公司的愿景是:成为全球的超级娱乐公司;联想公司的愿景是:未来的联想应该是高科技的联想、服务的联想、国际化的联想;鹰腾咨询公司的愿景是:成为具有专业品质和职业精神的全球化专业智囊机构。苹果公司的愿景是:让每人拥有一台计算机;美国航空公司的愿景是:做全球的领导者。

第三,让员工、股东和合作伙伴获得更大的利益。例如,毕博公司的企业愿景是:为顾客创造真实持久的价值,为员工创造发展的机会、为我们的投资者创造长期的价值,成为全球最具影响力、最受尊敬的商业咨询和系统集成公司。戴尔公司的愿景是:在市场份额、股东回报和客户满意度三个方面成为世界领先的基于开放标准的计算机公司。

第四,使全人类受益,为社会创造某种价值。例如贝尔斯顿公司的愿景是:让有害食品从每个家庭的餐桌上消失;95081家庭服务中心的愿景是:愿天下家庭后顾无忧;华为公司的愿景是:丰富人们的沟通和生活。

企业愿景的设定应当由企业的最高决策层来承担,包括企业CEO、董事会成员、企业股东及其他的高级管理人员。他们应负责在企业内部对企业愿景进行广泛宣传,并且要努力保证企业的运作与企业愿景所要求的方向相一致。

中国企业在设定愿景时,往往会提出一些含糊不清的口号,诸如"国际一流"、"名牌战略"、"创造知名品牌"等,这与美国企业的愿景表述方式有所不同。美国企业会表达得更直观,如"让每张桌面上和每个家庭里都有一台电脑"等,给人一种明确的方向感和可操作性。这一点正是中国企业应该努力学习的。

企业愿景的设定通常包括以下两个方面:

第一,明确企业的存在价值。也就是要阐明企业为什么而存在。企业的经营理念正是因此而产生的。企业的存在价值是引导企业走向成功的基础,如果一个企业的存在无法产生积极的社会价值,那么它的失败也是必然的。

第二,明确企业宗旨。企业宗旨是具体化的企业经营哲学,是指企业在其经营理念的指导下,为生产经营活动的责任、性质和方向所下的定义。企业宗旨集中反映了企业的目标和任务,表达了企业的行为准则和社会态度。现代企业的最高宗旨是要履行其社会责任。也就是说,企业不但要考虑自身利益,还应该主动承担一定的社会责任。首先,企业应当对社会有所贡献并能协调各种利益集团的关系;第二,要为社会提供各种服务;第三,企业的产品既要有经济价值,又要有社会价值;第四,企业必须要维护和实现社会的整体利益;第五,企业在使用各种社会资源和自然资源时,应充分考虑可能给社会带来的后果和影响。总之,企业的社会责任就是企业对社会公众及各种利益集团所应承担的道义上的责任。

企业愿景在企业生产经营中作用主要体现在以下几个方面:

第一,企业愿景可以增强企业的知识竞争力。知识竞争力是指一个企业在组织知识、应变能力等方面的竞争力,它已逐渐成为企业竞争力的重要元素,越来越受到广泛关注。这些要素要想发挥作用,离不开企业愿景管理体系的建立。因为,企业愿景可以引导企业管理者和员工获取知识和提高能力。

企业的资本调配和运营能力、销售能力、生产能力、服务能力等都属于传统观念中的企业竞争力,它们都是与企业利润直接相关的要素。但是,随着时代的发展,企业活动领域发生了很大的变化。企业竞争力的内涵也更为广泛,其中,组织知识和应变能力就是最重要的两个部分。

组织知识是企业在长期生经营的过程中,经过周而复始的开发、应用、总结而形成的。它是以往所采取的众多战略步骤的结果,具有一种路径依赖性。路径依赖性越高,越难以被对手所模仿,企业就越具有长久的竞争优势。企业如果能够制定长期的、明确的愿景,保持战略的连续性和稳定性,并保证所有战略战术行动均以愿景为核心而展开,那么,组织知识就能具备深厚的文化底蕴和长期的战略积淀,其路径依赖性自然就会提高,对手模仿的难度也会相应增大。在动态竞争条件下,如果不能柔韧地、创造性地对环境变化做出反应,那么,就会严重影响企业的生存发展。组织是由战略决定的,组织的应变能力和灵活程度决定于战略柔性和张力。而战略规划的根本依据和最终目的正是企业愿景。愿景的预见性和长期性可以提供规避风险的线索。企业战略的选择范围是由科学明确的愿景决定的,愿景可以保证战略方向的正确性,并且留有适当的回旋余地,从而提升企业的应变能力。

第二,愿景可以引导企业良性发展。企业的现状不是一朝一夕形成的,而是长期努力的结果。企业愿景就是高效地、有选择地将这些努力进行累积的关键手段。愿景是企业在充分考虑了自身能力的基础上提出的,同时也是被全体员工认可的。愿景是对企业未来形态的描述,它可以将企业各种资源的投入引向正确的方向。因为有愿景企业才可以一直朝着一个固定的方向前进,而不会出现偏差,以保证其在追求短期目标的同时,奠定实现中、长期的目标的基础。有了共同的愿景可以让每一个员工的努力形成合力。反之,则会分散力量,使生产经营活动失去活力,即使能收获一些短期利益,也会因为"各自为战",而将各种力量互相抵消,使企业整体的发展后劲不足。在经济全球化的大背景下,企业的生存环境更加复杂,而愿景可以防止企业变成"近视眼",可以让企业防患于未然,发现先机,抢占先机,从而取得市场竞争的主动权。否则只能跟在别人身后,亦步亦趋,最终会被无情淘汰。

第三,愿景可以帮助企业应对危机。在市场环境复杂多变的情况下,各类危机会如影随形。企业会面临越来越多的挑战,如果处理不慎,就会有覆灭的危险。而愿景可以帮助企业正确地面对危机、成功地摆脱困境。从目前的市场环境来看,企业愿景已成为企业应对危机的准则和必要条件。企业不能只是在出现问题之后,才手忙脚乱地解决问题,而应当具有长远的眼光和系统的规划。如果没有明确的企业愿景,当危机到来时,只能被动应付。这样的话,即使侥幸渡过难关,最终也会因为失去方向感而变得无所适从。反之,企业一旦设立了明确的愿景,在面临危机时,就可以遵循相关的原则行事,做到临危不乱。企业在制定行动方案时,必须以愿景为出点,要充分考虑到这一行动是否与企业的价值观、经营理念以及自身所应承担的社会责任相统一。企业在处理危机时,要想保证自己的长远利益并得到社会公众的认同,就必须以愿景为基准。愿景还可以让企业在危机中发现转机。所谓机遇,从本质上来看,就是指企业与它所处环境建立建设性的、良好的互动关系;而危机会迫使企业必须处理好与环境的关系,否则就会在社会地位、公众形象或经济效益等方面受到损害。不过,一旦能将危机处理得当,企业就有可能在此过程中找到机遇。很多世界知名企业在面对危机时,往往以牺牲巨大的眼前利益来保证愿景的贯彻,这是一种负责任的举动,可以让企业赢得最广泛的尊重,可以极大地提升企业的公众形象,为此后的市场开拓起到了积极的作用。

第四,企业愿景可以整合个人愿景。注重个人的职业生涯规划是现代企业的员工,特别是知识型员工的重要特征,他们都有着自己的个人愿景。以企业愿景来整合员工的个人愿景,可以使员工更积极、更自觉地投入到企业的生产经营活动中。与国外的知名企业相比,中国企业很少用明确的行动指南或企业愿景来指引员工的生产经营实践。因为,中国企业往往把企业愿景理解为企业精神、企业宗旨等抽象的形态或概念,并不明确企业的行动指南、事业领域、经营方针、存在意义和使命,过分看重"诚实"、"人和"等非规定性的过于含蓄的潜意识力量。而国外企业往往会将它们的愿景明确化、具体化,强调对个人愿景的融合和引导。因为它们要融合不同特质的要素,如文化、民族等,去实现共同的目标。

对于当代企业而言,不能仅仅从交换或经济代价的角度去理解企业与个人的关系。员工固然重视经济利益,但更加重视个人能力的提升和自我价值的实现。在制定愿景的时候,企业应当理解和尊重员工的个人愿景,激发他们的自觉参与意识,将他们个人愿景恰到好处地融入企业愿景之中。只有这样,企业愿景才能获得员工的响应和认同,因为他们在努力达成企业共同愿景的同时,也将会达成个人的愿景。

企业愿景还能起到软约束的作用。由于管理制度的缺陷,很多中国企业,无法对其经理人形成有效的制约,利用制度的缺陷牟取个人私利是很多经理人经常会做的事情。但如果能够将经理人的个人愿景融合到企业愿景之中,企业利益与个人利益之间就能形成长久的一致性,企业就成了帮助经理人实现自我价值的平台,经理人也就会处于企业愿景的无形制约之下。

第五,企业愿景可以协调利害者关系。利害关系者通常是指那些与企业有利益关系的群体或个人,能够影响企业完成任务或者受企业任务影响的群体或者个人。如果企业不小心将那些能够对它产生影响的个人或群体忽略了,就可能会导致生产经营不顺利,甚至失败。企业的决策和行动会影响到利害关系者的利益,利害关系者也同样会影响企业的决策和行动,两者之间存在着双向的作用力和影响。从本质上讲,利害关系者与企业是一种互动的共生关系。界定利害关系者的类型、明白他们的利益诉求、制定相应的对策是企业在制定愿景时必须要考虑的一件事。企业高层管理者的重要任务之一,就是最大限度地了解利害关系者,并通过企业愿景协调与他们的关系。如果在愿景中无法体现和尊重利害关系者的利益,就无法得到他们的认同,也就无法对他们产生有效的影响。例如,一家化工企业如果没有将环保责任融入愿景,只是以赢利为目标,那么,必将遭到当地社区、环保组织甚至消费者的抵制。

第六,企业愿景可以提升企业的存在价值。将企业的存在价值提升到极限是设定企业愿景的最终目标。企业最根本的存在理由和信念就是企业的存在价值。这不同于短期的期望值或财务报表上的利润。寻找新的财富来源和促进全社会幸福是传统观念所认为的企业的存在价值。但是随着信息时代的来临和经济全球化的进程,企业愿景的概念范围已变得越来越大。除了传统的经营活动外,对国际社会的责任和贡献以及与全球自然环境共生等内容,也成为衡量企业存在价值的重要标准。在一些优秀企业的愿景中,这些标准都得到充分体现。企业愿景涵括的意义可分为三个不同层次:最低层是员工的实务指南或行动准则,中层是企业的经营目标和领域,最高层则是企业对社会的价值。企业奋斗的方向和赖以存在的根本理由就是它对人类社会的价值和贡献,也就是企业最高层次的愿景,它具有最高的效力。指出企业实现价值的途径和方式就是企业的经营领域和目标,它是低一层次的概念;在这个过程中应该遵循的经济和道德准则,就是员工的实务指南和行为准则。愿景所处的层次越高,延续的时间就更长,具有的效力就更大。

3.　企业文化与企业战略

如果说企业愿景是企业对未来的展望和期待,那么制定企业战略就是达成企业愿景的重要步骤。企业战略同样是企业文化的重要组成部分。

迈克尔·波特是全球公认的研究企业竞争力和竞争战略的权威。

他认为,战略就是找准一种有利而独特的定位。战略会涉及各种不同的运营活动。如果能够适应市场的最佳定位只有唯一的一种,那么企业也就不必考虑制订战略的问题了,只需抢占先机,就能赢得胜利。因此,制定战略本质就是选择与竞争对手不同的运营活动。

能够先于竞争对手发现企业面临的威胁或存在的机遇,是一个企业管理者具备战略眼光的表现。管理者要具有预见力。预见不是凭空设想,而在周密分析、准确判断的基础上做出的理性决策。管理者只有具备了这种判断力和决策力,企业才有可能先于同行采取行动,避免在出现危机后陷入被动局面。

迈克尔·波特认为,引导企业运营、确定战略方向和选拔管理者是企业家必须亲力亲为的三件大事。一个企业家必须具备战略眼光,才有可能做好这三件事。衡量一个领导者是否具有战略眼光,则首先要看他是否习惯于进行战略性思考。

制定和实施企业战略是关系到企业生死存亡的大事。但在事实上,中国的很多企业都缺乏战略意识,主要表现在以下几个方面:

第一,很多领导者不具备系统性地思考问题和解决问题的能力,只会头痛医头、脚痛医脚。他们往往只看事物的表面,将一些复杂的问题简单化处理,而不去探寻其中更深层次的原因,以粗放型的管理应对企业面临的困境。这样虽然能够解决一些眼前的问题,但无法从源头上避免同类问题的再次发生,结果往往是疲于奔命,事倍功半。这样的案例不但在一些中小型企业屡见不鲜,就是在一些大型国企也比比皆是。

以电信企业为例。有些企业一旦出现无法完成销售指标的情况,就会采取全员营销方式,将指标落实到每个员工身上,根本不顾及销售渠道是否畅通、对客户群的划分是否合理以及企业内部分工的不同等因素,只要没能完成销售指标,其他方面的工作即使再出色,所有员工们都会被扣奖金。这在很大程度上挫伤员工的工作积极性,使企业丧失凝聚力。例如有的公司为完成任务,将指标平均分解到各个员工头上,毫无区别,特别是新员工,作为刚走出大学校门的年轻人,他们白天需要完成机房内的工作,晚上还得去完成销售任务。即使白天工作再努力、再出色,只要无法完成收入指标,就会被扣工资,很多人因为社会经验不足,人脉不广,根本无法胜任,最后只能选择离开这家公司。

有些电信企业在与竞争对手短兵相接时,不懂得避其锋芒,另辟蹊径,而是赤膊上阵,一味火并,结果往往被对手牵着鼻子走。例如某电信企业在与对手争夺某市的大客户时,对手先其一步采取了从政府部门下手的战术,结果他们也采取同样的回应战术,急忙开始进行对政府部门的公关工作。当他们也争到一定的业务份额时,对手已经开始向其他类型的单位进军了,这家企业也只好随着跟进,结果是永远落后一步。这就是一个企业缺乏战略思维的表现。如果他们不是亦步亦趋,而是能够准确预见到对手的下一步策略的话,就可以先发制人,而不必被动接招了。争夺大客户如此,应对其他问题也是如此,如竞争对手的降价时,自己是否跟进?是否可以采取一些其他措施抵消对手在价格方面的优势?这些都属于战略性的思考。

从这个意义上说,战略即取舍,也就是说在市场竞争中要有所为,有所不为,要明白哪些事情是一定要做的,哪些是不必去做的。而这种取舍是在充分思考和仔细权衡的基础上做出的。

第二,很多企业的员工缺乏战略意识。他们认为,战略问题应该是最高决策者考虑的问题。这种片面的理解,也是企业文化建设不成功的表现。企业战略关系到企业的生死存亡,而企业的生死存亡又关系到全体员工的切身利益。企业战略如果只停留在管理层,而无法被全体员工认同和执行的话,就会形同虚设。因此,在企业文化建设中,要大力提倡战略意识,要让每个员工都能站在更高的层面去思考问题,群策群力,让企业的战略决策更合理、更科学。

第三,只计眼前利益,不计长远利益。例如,有些电信企业的领导为了完成销售指标,会选择在娱乐场大量安装电话。结果,眼前的指标完成了,但随之而来的则是大量的拆机现象,造成了企业收入虚增和资源的严重浪费。有些部门为完成收入指标,让大客户将内部员工的住宅电话建成虚拟网,不收通话费。结果,虽然完成了本部门的收入指标,但却严重损害了企业的整体利益。有些部门甚至会在公司内部挖墙脚。有的员工为了保住饭碗,会自己贴钱发展业务,给消费者带来极大困惑:为什么同一家公司的业务人员却会报出不同的价格?这些行为严重影响了企业在公众中的诚信形象,严重削弱了企业品牌的影响力。

这些事实归根究底都是由企业决策者缺乏战略眼光造成的,如果无法得到改善,必然会影响企业的长远发展。

一个企业要具备战略眼光绝非一朝一夕之功,需要一个长期的探索过程。顺利实现企业战略则需要建立一套科学、系统的决策和执行机制,首先要提高战略意识,在企业文化建设中将其摆在突出的位置。只有做到这一点,才能步步为营,逐渐建立和完善相应的机制,从各个方面齐头并进,全面增强企业的竞争力。具体可采取以下几项措施:第一,通过广泛讨论和宣传,在企业管理层中首先树立起战略性思考的意识;第二,通过各类培训,让企业各级管理者人员都能掌握一套工具和方法来系统思考问题和解决问题;第三,在用人机制、决策程序、评估体系等方面的建设中充分体现科学精神和民主精神,杜绝消极、蛮干和独裁作风;第四,测量、评估和考核体系必须体现客观、公正的原则,不仅对近期指标进行科学衡量,还应充分考虑企业的发展潜力。

很多国内外的知名企业之所以能够在风云变幻的市场大潮中长

久立于不败之地,很重要的一个原因是,他们懂得在企业不同的发展阶段实施相应的战略。

作为全球大型家电第一品牌,海尔在 2011 年开展了"海尔绿色达人"活动。活动旨在为城市居民打造绿色健康生活,引领全球家电行业进入绿色低碳消费时代。这次活动是在全球资源日益紧缺、环境日渐恶化及气候逐步变暖等大背景下,响应国家提倡节能减排、发展经济、创造绿色低碳生活、实现可持续发展的大战略而举行的,体现出海尔企业文化中与时俱进的精神、前瞻性的战略眼光和全球性的视野。通过与中央电视的强强联合,他们得到了数千万网民的支持。通过这次活动,海尔为同行业做出了表率,率先践行了一个企业的"绿色责任"。

活动中,海尔充分展示自己全球领先的绿色节能科技和产品,让消费者切身感受到绿色节能环保生活的魅力,通过各类线上线下活动,极大地激发了消费者的环保热情。长期以来,海尔坚持将"绿色产品、绿色企业、绿色文化"作为企业的经营战略,努力将自己打造成为全球企业绿色发展的典范。他们为全球消费者提供了最先进的绿色生活解决方案。海尔管理体系的每个环节都贯穿了绿色低碳理念,从市场调研到产品的设计、制造、销售,再到废旧电器的回收、处理及利用都充分体现了这一理念。他们还通过与全球三大同行业巨头的战略合作,整合了最先进的设计团队,进一步增强了自己的核心竞争力。通过这次活动,不仅反映了海尔的"绿色"实力,也引领了家电行业的绿色发展潮流。

由此可见,"绿色理念"已成为海尔文化的一个重要组成部分,他们不但倡导绿色消费,而且在努力让其成为消费者所乐意接收的一种生活方式和生活态度。正是因为有了这一理念,海尔才能在新的大环境中,制定出新的发展战略,从而在同行业中独领风骚。

与海尔能够引领行业潮流形成鲜明对比的是,曾经处于全球手机行业霸主地位的诺基亚被微软收购的事实。这再次从反面证明,一个企业如果缺乏战略眼光,即使过去创造了再多的辉煌,也终将在残酷的市场竞争中败下阵来。

诺基亚最经典的产品类型是按键手机。在诺基亚最为辉煌的时期,这类手机在其大本营芬兰,几乎人手一台。但到了2011年,诺基亚在芬兰的市场份额降低到了31%,在其他国家就更是可想而知了。

究其原因,主要是由于诺基亚在市场竞争中没有做到居安思危,未能适应智能手机时代的顾客需求。也就是说,没有能够充分考虑市场未来的走向而制定相应的战略。

首先,当触屏式的智能手机成为流行趋势后,消费者对手机外观的要求变得更高,而诺基亚手机的外形依然没有太多改进。其次,智能手机的盈利点除了消费者购机费之外,还包括手机系统中的在线商城等。消费者会根据在线商城所提供软件优劣来决定是否购买这个品牌的手机。在这一方面,诺基亚也很难与苹果等品牌相抗衡。由于自身应用商店的相对落后,所以无法从软件供应商获得更多的利润。最后只能选择与微软合作,采用微软系统的在线商店,而放弃自身的应用商店。第三,诺基亚对潜在竞争者的能力估计不足。例如,来自市场的各种山寨手机的冲击。这些手机虽然可能存在各种各样的质量问题,但功能齐全,且价位很低。因此,足以让诺基亚丧失很大的市场份额。此外,诺基亚也未能充分考虑到替代产品的威胁力,例如,平板电脑这种可以将手提电脑与智能手机合二为一的新产品,也会挤占它很大的市场份额。由此可见,不论是对于中小企业,还是世界知名企业而言,在不同的发展阶段适时调整和完善其发展战略,并且在企业文化中融入战略意识,都是关系到企业兴衰成败的大事。

4. 企业文化与核心竞争力

在知识经济时代,一个企业如何才能在经济日趋全球化、一体化和集约化的条件下健康发展,如何保持自己的竞争优势,如何挖掘自身潜力、培养核心竞争力,是各国企业的管理者都无法回避的重要问题,也是企业生产经营过程中需要认真思考和研究的首要课题!

企业的核心竞争力是企业在管理、产品、技术、文化等各个方面的优势在市场上的集中体现,是企业经营实力和资本能量的综合反映。它是由企业在决策、生产、销售、服务等一系列过程中所形成的机制、文化、技术等各个方面的独特优势决定的。

企业核心竞争力不但是企业实力的综合体现,同时也是衡量一个国家国际竞争力的重要标准。与世界级的卓越企业相比,中国企业在战略决策、生产管理、人力资源开发、企业文化等方面虽然存在着较大的差距,但这恰恰证明中国企业的发展空间是巨大的。

很多世界知名企业的发展历史证明,企业文化在企业不同的发展阶段,都在发挥着源动力的作用。也就是说,企业文化就是企业的核心竞争力。

一个企业所具备的核心竞争力应该是其他企业所无法企及的实力和能力。通用公司的前任总裁韦尔奇认为,企业文化的核心是企业伦理。也就是说,企业文化中的核心价值观和企业的经营理念是企业的核心竞争力。

那么,为什么说经营理念是企业的核必竞争力呢? 企业竞争力最直接的体现是产品竞争力。因此,提升企业的竞争力关键是要提升产品的竞争力。而技术竞争力则是产品竞争力的决定因素。所以,有人认为技术才是首要的竞争力。但技术竞争力必须要依赖制度竞争力做保障。那么,制度是否就是第一竞争力呢?答案是否定的。因为,制度是理念的物化形式,科学的制度必须要以先进的理念为先决条件的。所以,理念才是真正的首要竞争力。一个企业只有拥有了正确的理念并根据市场发展的需求不断创新这些理念,才能永远保持最强的竞争力。这一点已被许多国内外知名企业的实践所证明。

核心竞争力的形成必须以企业文化为保障。企业文化所具有的众多具体功能可以对企业管理产生决定性影响。因此,企业生存和发展的关键是企业文化的建设。企业核心竞争力源泉是与时俱进的企业文化。企业管理已逐渐从最初的经验管理发展到科学管理的阶段,而文化管理也被越来越多的企业所认可。

在知识经济的大背景下,企业核心竞争力的提升离不开充分调动全体员工的主观能动性。因此,人本思想在管理领域的地位得到空前提高。人本思想是企业文化的灵魂,可以对企业的整体管理起到导向作用。因此,加强企业文化建设是增强企业竞争力的有效途径。

在打造企业核心竞争力的过程中,企业文化可以被视为是一种独特的资源。企业文化是一个企业在长期的生产经营实践中所创造出的所有物质财富和精神财富的总和,是以企业所有成员的共同价值观为核心的企业经营哲学。它渗透于企业生产经营的方方面面。

企业文化可以体现出企业管理者,特别是主要创始人的个人特质。如果说,一个企业的管理模式、制度体系是可以被其他同类企业所学习和模仿的话,那么,企业的文化则是不太容易被复制和模仿的。作为企业文化核心的企业精神更是不容易被"抄袭"。因为,它体现出的是企业创始人和其他主要管理者的经营哲学,它已被全体员工所认同,并深深植根于他们心中,这些都是很难被其他企业所照搬的。因此,一个企业要想保持核心竞争力就必须不断加强企业的文化建设。

企业文化是企业发展的动力之源。企业要想在市场竞争中稳操胜券,就必须要保持内部的团结稳定、积极进取,而企业文化可以起到凝聚人心、激发潜能的作用。只有保持上下一心,同舟共济,企业才能长久地生存发展下去。企业文化建设就是要培育和建立企业精神、企业的经营理念和企业的核心价值观,提高员工的整体素质,使他们在管理水平、业务素养和思想品质等诸方面都能保持最佳状态,以适应市场的需求。企业文化建设可以增强企业活力、塑造出良好的企业形象。因此,企业文化才是企业持续发展、长盛不衰的持久动力。

美国通用电气公司的前身是1878年由托马斯·爱迪生创立的爱迪生电灯公司。现在,通用公司的业务已拓展到全球100多个国家,拥有近30万名员工。2002年,通用电气公司实现了1683亿美元的销售额和151亿美元的净利润。虽然在"财富"排行榜上位列第九,但其竞争力却排名第二,曾连续数年被《财富》杂志评为全球最受推崇的公司。通用公司的辉煌成就,得益于他们卓越的企业文化。

早在20世纪80年代,通用公司就已经在企业管理的过程中贯彻了一些超前的企业文化理念。正是在这些理念的指引下,通用公司的各项战略和计划得以顺利实施。

在通用公司前总裁杰克·韦尔奇的管理哲学中,包含了"六西格玛"、"无边界"、"数一数二"等一些重要元素。这些理念不但给通用这个原本官僚气息浓厚的商业帝国注入了活力、激情、主动性、灵活性等各种营养,而且还广泛影响了世界各国的企业。在通用公司身上,杰克·韦尔奇打下了自己的烙印。通用公司的管理理念中凝聚了韦尔奇本人的激情、个性、情感和思想。

诚信在通用公司的管理理念中被摆在了首要位置。他们认为,企业生存发展最根本要素就是诚信。韦尔奇认为,诚信的底线就是遵纪守法,诚信是处理企业与方方面面关系的核心基础,有了这个基础,就可以得到员工、工会和政府的好感与支持。在处理各种复杂关系的过程中,只要坚持了诚信这一准则,就可以用一种建设性方式表达自己的立场,而不必迁就别人的看法。因此,通用公司在处理与客户、供应商、批评人士、竞争对手及社会公众的关系时始终坚持诚信准则。他们相信"卓越和竞争力与诚实和清白是可以完全相容的;一个全球化的企业,不论在任何情况下,只要同时拥有质量、价格和技术优势,便能赢得竞争优势,并最终胜利。"

此外,通用公司还坚持贯彻"无为管理理念"、"追求完美理念"、"消除界限理念"和"挑战极限理念"。

无为管理理念是对"管理者"这一概念所进行的新的定义。管理者不应该只是一个发号施令者,同时还应该是一个教导者、激励者、协助者和解放者。无为管理并非是放任自流、袖手旁观,而是指管理人员不应该过分陷于"管理"之中。韦尔奇认为,管理行为应当是指明确地告诉员工如何做得更好,并且以具有吸引力的宏伟愿景来激发他们的潜能和努力。简而言之就是"传达思想,分配资源,然后让开道路"。可以通过让员工承担更多的责任和享受更大的自由来激发他们的热情。通用公司的大量充满活力的优秀管理人才就是在这种"无为管理"的文化理念下造就出来的。

追求完美理念形成于20世纪80年代初。当时,通用公司年净利润已接近15亿美元,年销售额250亿美元,成为当时美国最具实力的公司,而且资产负债率也呈现良性趋势。但是,韦尔奇却居安思危,密切关注市场变化。他充分认识到,在经济全球化的背景下,挑战无时无处不在,只有追求完美、达到同行业最高水平、找准市场定位、提高产品品质、降低生产成本才能真正长久地立于不败之地。因此,他把公司的经营战略确定为"数一数二"。要求公司所有事业部都要做到同行业中的第一或第二,否则就将其出售或关闭。经过十年的努力,在全球市场上,通用公司的各主要事业部都已接近或居于主导地位。

通过这一举措,通用公司顺利成为全球最具竞争力公司之一。

消除界限理念是指努力消除企业高层与基层之间的沟通壁垒,提高对决策的执行速度和效率。为了进一步增强竞争力,通用公司致力于将自己打造一个上下沟通流畅、全员积极进取的国际化企业,努力构筑"无界限组织"。为此,他们积极向其他的中小型企业学习,通守裁减冗员,压缩规模,减少流程和层次。他们将原先从董事长到现场管理者之间的九个管理级别减少到五个,彻底减除管理层中的二、三级部门和小组,实行垂直为主的扁平化、矩阵式组织管理,CEO 和其副手直接听取各事业部负责人的汇报。无界限理念可以将小公司的激情、灵活性和发展欲望与大公司的巨大影响、丰富资源、雄厚实力进完美结合,消除管理中的官僚作风,激发了全体员工的工作热情,让他们更具有合作观念和责任感。无界限理念给通用公司带来了更高的市场份额、更强的赢利能力和更大的现金流量。

挑战极限理念是通用公司珍视产品品质与服务品质的表现。他们通过"六个西格玛"管理探索出一条值得其他各类企业借鉴的提高质量的有效途径。他们将产品合格率强制为 99.99966%。也就是说,在每百万次的操作中只允许有 3.4 个失误。他们对产品质量的把关由成品检测改为对生产过程的监控,不让不合格产品出现在生产线上,从而确保向市场提供产品与服务绝对没有缺陷。为此,他们在全球各分公司全部推行"六个西格玛"标准,全体员工都要接受相关的培训。通过这些努力,"六个西格玛"融入了通用公司的血液之中,成为它的企业精神和企业文化。截至 1999 年,这一理念已经给他们带来了超过数亿美元的年收益。

通用公司通过营造良好的企业文化来提升企业竞争力的做法,给了我们如下启示:

第一,在管理者的选拔过程中要充分考虑其对企业文化的认同度,同时加快管理机制的转变。通用公司的企业文化中倡导的"适应变革"、"争取第一"、"群策群力"等理念可以被它遍布全球的各个分公司的各级管理人员充分接受和严格贯彻,是其走向成功的先决条件。通用公司组织结构可以充分适应市场竞争。其运行机制的连续性和决策的正确性都是以此为保障的。实现股东利益的最大化是通用公司的最高经营目标。围绕这个中心,他们建立了配套的考核评估制度、激励制度和用人制度。他们将员工分为三类,区别对待。对于德才兼备者,会提升或留用。对于品德优良,才能欠缺者,会适当给予机会,通过培训后再考虑去留问题。对于有才能却品德欠佳者,则坚决解雇。

第二,企业文化建设也要与时俱进,才能真正提升企业的核心竞争力。韦尔奇认为,世界是不断变化的,因此,企业也必须不断变革。通用公司所拥有的最大力量就是能够对自己的命运有清醒的认识。企业要生存和发展,必须要认清顾客、认清市场、认清形势,也要认清自我。唯有如此,才能加快变革,把握命运。企业管理者必须要有能力让企业上下保持高度清醒,让全体员工认识到变革的必要性。企业赢得顾客才能在竞争中获胜,才能为员工提供职业保障。企业要保障员工的基本需求和所有福利,就必须面对市场、面对现实,努力满足顾客的需求。

第三,企业需要有积极的核心价值观。企业文化集中体现了企业家的管理理念。企业文化建设的重要内容之一就是,管理者要通过自己的言行将企业精神、企业目标和企业战略传达给全体员工和更广泛的社会公众。企业的核心价值观只有得到全体员工的认同,才能真正推动企业文化中其他元素的成长,才能真正形成强大的竞争力。诚信作为通用电气的核心价值观,就早已被全球各个分公司的员工所接受和遵循,通用公司也因此才拥有如此强大的竞争力。

第四，文化管理应成为现代企业管理的重心。管理重心的转变是时代变革的需要，也是企业目标变化的需要。通用公司努力让员工用"脑"劳动代替用"手"劳动。管理重心的转变，不只是反映了企业职能的变化，更重要的是反映了时代的变迁。市场竞争的成败，并不仅仅取决于企业财富的多少，更在于用人机制、管理理念等各种因素，以及以此为内容的企业文化。企业参与竞争所必备的基本价值理念在通用公司的企业文化中得到了成功体现，如讲求效率、质量为本、诚信待人、客户服务等等，通用公司因此能够应对各种复杂的市场环境，从而走向成功。通用公司的企业文化体现了一种超前意识，如将管理者的职能定义为是"激发热情"、"传播思想"，将"无为管理"作为企业管理的指导思想，把"让客户成为赢家"作为企业的行为准则，等等。通用公司也因此能够在同行业中做到出类拔萃。通用公司的企业文化有着深刻而丰富的内涵。更重要的是，它已深入人心，被全体通用员工所认同。

综上所述，企业要想培养核心竞争力，就必须注重企业文化建设。在经济全球化的今天，中国企业必须时刻关注时代发展的趋势，加快企业文化的变革，构建出更加完善、更加优良的制度体系、用人机制和创新机制，努力提升自己的核心竞争力，才能在全球市场中立于不败之地。

5. 企业文化的本土化

随着企业实力的不断壮大，对外扩张、开拓全球市场必然会成为其整体战略的重要组成部分。但如何让企业文化实现国际化、本土化，让企业分支机构所在国的公众和企业员工认同自己的企业文化，是目前很多中国企业所面临的一大难题。

下面我们就以在中国的美资企业为例,来探讨一下跨国企业如何实现企业文化的国际化、本土化的问题,以便为中国企业提供一些可供借鉴的经验。

与日资企业或韩资企业相比,美资企业往往对中国的打工者更具吸引力。因为,它们具有薪水更高、福利更好、管理更加人性化、工作氛围更为宽松自由等多方面的优势。美资企业的企业文化中包含了很多中国企业并不真正具备的元素,展示了美国人崇尚民主和自由的一面,例如对"创新"和"成功"的追求与肯定;企业的成功是每个员工努力的结果;提倡集体精神;崇尚好学上进的气氛;相互尊重与信任;坦诚而有效的交流;每个人的领导才能和素养的发展,等等。因此,美资企业文化更容易被他国员工所认同。这是它能够迅速在中国实现本土化的一个重要原因。

但是,美资企业在文化本土化的过程中,也会面临很多棘手的问题。

首先,本土管理人员在日常管理过程中会有意无意地淡化或忽视美资企业的精神和价值观。他们虽然也会将美资企业的文化挂在嘴边,但实际推行的却是本土的企业管理思想。当这种现象已严重威胁到企业发展时,才会引起高层的注意。这时,这些美资企业往往会将那些本土的管理人员解聘,然后再从设在其他国家的分支机构选拔、"空降"另一批管理者。但这些新的管理者通常采用的也是一些体现了他们原先所在国特点的管理模式,而无法真正将美资企业的文化移植和传承下来。这样一来,美资企业在本土化的过程中就陷入了某种程度的恶性循环之中。

例如,某美资企业的一次高层人事变动,竟然引发了一场基层员工的大罢工。员工们罢工的理由很简单:他们无法适应改革后的管理方式。原来,这家美资企业对中国公司的管理层进行了大换血,然后从国内"空降"了一批管理人员。遗憾的是,这些"空降兵"都是刚刚聘用的新人,他们此前工作在不同文化背景的企业,有欧洲企业、日本企业、韩国企业、台湾企业等等。他们来到这家美资企业之后,还没有来得及充分理解其文化内涵,就被匆匆派来中国。于是,便将各自熟悉的管理方式用于管理之中,从而引发了各种管理理念之间的冲突,让底层员工无所适从。

一些美资企业原本有着良好的福利制度,但本土的管理人员却有可能给这些制度打些折扣。例如,会无端停止企业给员工购买的商业保险;利用薪酬保密制度中饱私囊,将下属应得的福利装入自己的腰包,等等。

这些事实告诉我们,在企业文化国际化和本土化的过程中,管理者的选拔非常重要。这些生长、生活在本土的管理人员,首先要认同本企业的文化,其次还要能够不折不扣地将这种优秀文化推广和传承下去。

其次,外资企业的文化与本土社会文化之间往往会存在一些冲突,如何寻找合理的解决途径,是企业文化能否成功实现本土化的另一个关键。

例如,由于受到儒家传统思想的影响,中国员工留给外籍管理人员的往往是诚实守信、重情重义等正面形象。但同样因为受儒家思想的影响,中国员工往往会表现出一种盲目服从权威的形象,或者是一种从众心理。那么,如何让这样的员工树立起平等观念,在工作中毫无顾虑地充分发表自己的意见,也就成了在中国的美资企业实现文化本土化,进而提升企业整体竞争力的一项重要内容。

再比如,随着物质生活水平的提高,越来越多的中国员工已忘记了勤俭节约这一中华民族的传统美德,他们常常将挥霍和浪费当成体现身份的一种手段。而美国人却不以为然。他们会对中国同事花很多钱请他们吃喝感到不理解,甚至不领情。这多少会影响到同事之间的沟通和交流。因此,美资企业的管理者就可以利用"勤俭"这一原本是中、美两国文化中所共同提倡的美德,在两个国籍的员工中搭建起一座桥梁,让那些"误入歧途"的中国籍员工重新认识这一优良传统,进而以此为辐射源,让他们对美资企业文化也能有一个更全面、更深刻的认识。

美资企业为实现企业文化的国际化和本土化,通常会采取以下几方面的措施:

第一,进行各类培训。一些美资企业会将"价值观"和"美资企业精神"作为新员工入职后的首要培训内容,以便让他们对美资企业的文化有初步的了解。员工在此后的工作中,会通过自己的亲身感受,对美资企业文化有更深入的了解。同时,为保证能够不折不扣地传承美资企业文化,他们也会对职业经理人进行职业道德培训。很多美资企业的老总,每年都会对位于全球各个国家的分公司进行两次巡视,以确保自己的企业文化可以在他国的土地上顺利传承。每次到分公司巡视,他们都会对员工的吃饭、住宿等问题亲自过问,以确保员工最基本的物质需求可以得到最充分、最合理的满足。另外,有的老总还会亲自给员工上课。例如,在长达15年的时间里,通用电气的总裁韦尔奇,每半个月就会去一次训练中心,亲自授课,与接受培训的主管人员交换意见,一起探讨问题,让他们充分发表自己的意见。他的工作实质上就是将通用公司的企业文化灌输给全球各个地区的主管,让他们紧跟总部的步伐,使公司上下保持高度一致。

第二,开展各类活动。如各种纪念活动、竞技活动、文化活动、美食活动,以及将那些有突出贡献的部门或员工写入"公司历史"或将其优秀事迹制成影像资料进行广泛传播等。通过这些活动可以增强员工的自豪感和进取心,提升企业的凝聚力。

第三,建立和完善能够充分体现企业文化的各种规章制度。这些制度除了要体现美资企业的精神和价值观外,还要适应中国国情。例如有些美资企业一直有一条不成文的规定,员工只要在工作中表现优秀,在离职时,企业就会根据其贡献大小,给予不少于一年零一个月的工资补贴。有了这个制度,员工便会更加努力工作,因为,他们渴望自己在离职时,也能够享受这种待遇。但有些企业在管理层进行更替之后,便想中止这项制度,因此受到各级员工的强烈反对,这种与企业的文化传统背道而驰的做法,是一种鼠目寸光的表现,对企业的未来发展极为不利。

第四,努力让企业的精神和价值观成为全体员工的行动指南。企业精神和价值观是企业文化的精髓。美资企业特别注重在工作细节中让中国籍员工认真学习和领会这一精髓。他们提倡每个中国籍的管理人员每下达一项指令、每个员工每开始一项工作,都要三思而后行,都要"每日三省吾身",认真检查自己的言行是否违背了美资企业的精神和价值观。

第五,对于合理的失败不会过分追究。失败是走向成功的阶梯。如果一个企业无法容忍员工的无心之失,一味责骂呵斥或降职减薪,会严重损害员工的自尊心和自信心,会严重损害他们的创新精神,使他们保持一种消极的不求有功但求无过的心态,这对企业的长远发展极为不利。在这方面,日本企业堪称是一个反面教员。被称为日本硅谷的筑波科技城虽然是由大企业和政府共同发起成立的,但它在20多年的发展历程中,几乎没有取得什么值得关注的成就。究其原因,不是因为人才或资金的缺乏,而是因为这里的员工们因承受着巨大的精神压力,而无法身心愉快地投入创新活动之中。硅谷对他们的要求是只能成功不能失败。因此,有些员工极度沮丧,甚至自杀。与此形成鲜明对比的是,在中国经营发展了20年的摩托罗拉公司。他们有着一套相当完整的人力资源政策和文化理念。其中核心要素是对"人"的尊重始终不变。例如,他们会为新入职的员工进行全面、细致、周到的服务和培训,成立了运动队和书友会为那些爱好运动和读书的员工开辟一个乐园。更为值得一提的是,他们还会特别为少数民族员工和女性员工建立俱乐部。

综上所述,中国的跨国企业在实现企业文化国际化和本土化的过程中,应当见贤思齐,积极学习美资企业成功的经验,认真吸取他们失败的教训,努力探索出一条既适合企业自身实际情况,又能为他国员工所接受的企业文化建设之路。因此,除了要注意以上探讨的问题之外,中国企业还应当努力发现和改进自身的不足,以适应国际化和本土化的需求。例如,在深入了解当地文化方面,中国企业往往是说得多、做得少。很多中国企业在海外的机构既没有保持本企业的文化特色,更没有与当地文化进行充分的融合。因此,很难应对在海外扩张中所面临的挑战。

企业文化的本土化对于不同的中国企业来说有着不同的解决方案,但以下几点可能是对所有中国企业都适用的。

第一,要有"社会责任"观念。中国企业的海外扩张,往往首先考虑的是自己的经济利益,这与欧美国家的社会价值观是背道而驰的。欧美企业不光是要为自身牟利,更是将自己视为一个"企业公民",要积极承担自己的社会责任。很多中国企业没有真正意识到这一点。由于社会责任感的缺乏,他们很难得到当地政府的支持,很难被当地社区所接受,也很难得到当地公民的信任。

第二,要处理好"情"与"法"的关系。由于受政治体制和文化传统的影响,中国企业多少总会保持着一点"情大于法"的观念。在向欧美市场扩张的过程中,没能充分意识到自己是处在一个"法大于情"的竞争环境中,因此处处碰壁。外国企业的决策方式和治理方式很大程度上与中国企业不同。例如,很多欧美企业的经营目标是为股东赚取最多的利润,追求的是股东利益的最大化。

第三,要找到最佳合作伙伴。这些合作伙伴需要在当地市场上有很强的竞争优势,可为企业在当地的发展提供最强的动力。在进行重大战略决策时,合作双方都能充分理解伙伴的经营心态和经营目标,能够完美沟通,求同存异。特别是双方的价值取向和文化理念要有某种程度的共通之处,只有这样才能充分保证企业战略目标的实现。20世纪 90 年代,美国的一家发动机制造商——康明斯公司进入中国。他们的发展思路就是首先要找到认同其企业文化的合作伙伴。此后,他们与无锡、上海、重庆等地的中国企业合作成立合资公司,成功地拓展了中国市场。中国企业在寻找跨国合作伙伴时会面临很多难题,这些难题表现于各个层面上。在亚洲,由于企业的规模优势和中国文化的影响,中国企业可谓是游刃有余。但在欧美国家,由于社会文化和管理理念等方面的差异,要找到真正认同自己企业文化的合作伙伴则需要大费周折。

第四,要处理好与当地政府的关系。外国的跨国企业之所以能在中国顺利发展,很大程度上取决于他们与中国各级政府保持了良好的关系,能够严格遵守中国的法律和政策。他们不但熟悉中国的法律法规,而且还能充分理解政府政策变化的深层原因。美国耐克公司虽然没有在中国直接投资,但他们在 20 世纪 90 年代初就在北京设立了办事处。发展与中国政府的关系是这个办事处的重要职能能之一。很多"全球 500 强"在华企业中的高管,每年都会进行高层政府公关,拜会政府领导,这已成为他们在中国重要行程之一。

第五章

企业文化与人才管理

1. 企业文化与员工归属感

中国古代的很多思想家都把"人"与"天"、"地"、"道"相提并论，如老子就说"域中有四大，人居其一"，这是对"人贵"思想的最早诠释。美国学者德鲁克认为，企业最大的财富是人才。另一位美国学者托斯·沃森则说，能否激发员工的才华和力量，是企业成败的关键。这些观点都证明，在企业所有的经营要素中，人的因素是最关键的。因此，企业一定要坚持人本主义文化理念，尊重人的价值，关注人的内心，激发人的潜能。如何留住人才，如何让员工有归属感，是企业生存发展的一个决定性因素，要解决好这个问题，离不开人本主义思想的指引。

要增强员工的归属感，首先需要得到员工的认可。这种认可不光表现在薪资待遇方面，更表现在企业的制度和企业的文化方面。

有些企业认为，增加工资、提高福利待遇可以增强员工的归属感。这当然没有错。因为，衣食住行是人最基本的生存需要，购置日常物品、休闲娱乐、医疗保健、买车买房都离不开钱。员工的这些需求都得靠企业发放的工资和提供的福利来实现。因此，建立合理的薪酬福利制度,是增强员工归属感的一个有效途径。如果福利待遇低于行业平均水平,企业就难免会出现"铁打的营盘流水的兵"这种局面。这绝对不利于企业的健康发展。企业的决策者千万不能抱有"三条腿的蛤蟆不好找,两条腿的人有的是"的心态。

好的薪酬制度虽然可以增加员工与企业的黏性,但还不是增强员工归属感的决定性因素。因为,再好的薪酬制度,往往也不能让每个员工都满意,而员工的归属感也绝不仅仅是由收入和待遇来决定的,还需要综合其他的因素来考虑。

我们常常会看到这样一些现象:某国有企业在进行私有化改制之后,员工待遇没有受到影响,却出现了大量跳槽的现象;某快餐店原本经营得很平稳,但当附近又开了一家麦当劳之后,该店的很多员工都跳槽到麦当劳。老板为此特意派人去麦当劳进行暗访。结果发现,那些在自己店里表现一般的员工,在麦当劳却表现得非常敬业,可事实上,麦当劳的待遇并好不了多少。

由此可见,归属感会因为工作环境的变化而变化。如何营造一个对员工有吸引力的工作环境,让员工接纳你的企业,也是企业文化建设的一项重要内容。

企业管理者的人格魅力是增强员工归属感的一个重要因素。一个既有决策力,又有亲和力的领导者往往要比那些只懂得发号施令的人,更能赢得下属的好感。一个有人格魅力的管理者能够通过自己的感染力营造出一个良好的工作氛围,能够避免上级与下属之间、部门与部门之间、员工与员工之间的勾心斗角,一个人与人和睦相处、亲如一家的工作环境对员工具有极大的吸引力。

另外,企业要有明确的发展目标,并且要把企业的发展目标与员工未来的人生规划进行有机结合。这是提高员工归属感的另一个重要途径。自己在企业中究竟占据着怎样的位置,到底有多大的价值,是每个员工都会考虑的问题。同时,他们还会关注自己未来的发展空间。因此,企业要提供各种机会帮助员工提高自身的能力。只有每个员工的能力都有所提高,企业的整体实力才能有所增强。只有让员工切身体会到自己因企业而成长,才能从某种程度上增强他们对企业的归属感。

企业不能只把员工当成机器,当成自己获取利润的工具。企业给员工的压力必须合理。没有压力的企业固然没有动力,但压力过大,往往会适得其反。员工会因为无法承受这样的压力而产生挫折感,最后通常会选择逃离这个环境。

企业要创造条件,让员工真正从心灵深处喜欢上自己的工作!要关注员工的兴趣和特长,给他们提供最适宜的工作岗位,让他们有用武之地,能人尽其才,让他们体会到由工作带来的成就感。只有让员工感受到自己的存在对于企业的重要性,才能让员工和企业形成一个互相依存的局面。这样才能真正留住他们的心。员工有了归属感,才会把企业当成自己的家,才能最大限度地发挥他们的潜能。这是一个管理者领导能力的重要体现。

此外,还有很多因素会影响到员工的归属感,但以上几点是最起码的,如果连这些也做不到的话,其他也只能是空谈。有些企业虽然发展很快,但却始终无法提高员工的忠诚度。企业骨干代谢频繁,因而员工对企业的奖罚制度和用人制度心存不满。他们觉得企业的管理者是以个人好恶来决定他们的职业前途的。这样的企业即使暂时风生水起,也难免会有日暮途穷的一天,因为他们的企业文化存在着致命的缺陷,那就是:没有充分认识到"人"的真正意义和价值。

2004 年,广东省电影公司实行改制。很多员工忧心忡忡,因为他们不知道自己的前途是否会因此而改变。

公司领导在全体员工大会上宣布了此后企业的治理理念。员工们听完之后,彻底放下心来。这是一条很能体现人性化管理原则的理念,即公司是全体员工的避风港,但不是安乐窝。后来,他们又提出了自己的发展愿景:做中国电影产业的先锋企业,让员工与企业共同成长。

从此,公司管理层带领全体员工励精图治。经过几年的努力,市场份额日益增大,国有资产实现保值增值,员工们收入也水涨船高,公司各个方面都保持了良好的发展态势。

广东省电影公司的高明之处在于,在企业发展的关键时刻,能够以人本主义思想来凝聚人心,让员工感觉到,企业不论面对何种变故,都不会抛弃自己。因此,员工才会以积极的工作态度,深入挖掘自身的潜力,最大限度地回报企业。这充分体现了将人本主义思想融入企业文化建设的重要性和必要性。

丰田公司近年来最大的一次危机就是"召回门"事件。但这一事件并没有让丰田这个汽车业的庞然大物轰然倒地。当丰田公司的掌门人丰田章男在美国国会发表道歉声明时,丰田公司的 200 多名员工却在国会外举行游行,高喊出"我们是丰田家族的成员"这一口号。

这充分证明,即使身陷危机,丰田公司依然是一家有魅力的企业,至少它的员工没有抛弃它。那么,丰田公司员工的这种归属感是从何而来的呢?

一直以来,丰田公司在企业文化建设方面都奉行以人为本的理念,在人力资源管理方面做了很多其他企业无法做到的"牺牲"。

"二战"结束后,由于原材料短缺、资金紧张、劳资纠纷、销售受挫等各种不利因素的影响,丰田公司几乎陷入绝境。银行催还贷款,要求他们要么裁员,要么申请破产。

员工得知这一消息,纷纷举行罢工表示抗议。决策层通过推行一系列改革,最终使公司转危为安。其中,人力资源管理方面的改革主要是提出了一个全新的概念——"三有好工作"。"三有好工作"是指一个"好的工作"需要有成就感、有干劲、有适当的难度。

有成就感是指对员工的工作及时进行评价，并将工作情况及时反馈给相应的管理者，要对员工取得的成就表示肯定和赞赏。有干劲就是让员工在"即时反馈"的过程中感觉到自己受关注、受重视，同时，管理者也要帮助员工对存在的问题进行处理和总结。有适当难度是指为既要给员工适当的压力，又要在分配工作时充分考虑他们的特点和强项，充分发挥其潜能。

有了这一原则，工作对于丰田的员工不再只是一种体力或脑力劳动，而变成了一个自我实现的过程。员工不但可以及时解决工作中存在的问题、缓解工作压力，还可以获得对自身业务水准的客观评价，体会到成就感，展望未来的职业前途。这是一种积极的、良性的工作模式，不但提高了企业整体的竞争实力，而且增强了员工的向心力和归属感。

此外，始终与员工同甘共苦、同舟共济也是丰田公司能够凝聚人心的关键。他们不会把企业的发展压力转嫁到员工身上。面对2009年的金融危机，福特、通用等汽车业巨头纷纷裁员，而丰田却坚决不这样做。

正是因为坚持营造和弘扬这种以人为本的企业文化，丰田公司才能最终闯过一个又一个的难关。2007年，他们追平通用，取得了937万辆的销售业绩。2008年第一季度，他们以241万辆的销量击败通用，成为世界第一，正式终结了通用自1931年以来长达76年的领导地位。

2. 企业文化与团队建设

在知识经济条件下，如何抢占人才制高点，如何创建高效率的员工团队是所有企业需要面对的问题。所谓团队，就是一群技能互补的人，为了一个共同的目标而分工协作的团体。

团队成员往往都是为一个既定的目标而走到一起的。如果缺少了这个目标，团队也就失去了存在的意义。团队目标必须要与企业目标相一致。团队领导者要把本团队所担负的责任逐层分解，落实到每一个团队成员身上，然后大家齐心协力共同完成这个目标。团队目标不但要让团队成员知道，也要让团队之外的人员有所了解，以便得到他们的理解、帮助和配合。

一个优秀的团队，必须要有自己的团队精神。团队精神就是指团队成员的共同道德理念和共同的价值观。团队精神表现为一种精神面貌、一种文化氛围，是一种可以感知的精神气息。团队精神是企业文化的重要组成部分。

团队精神是服务精神、协作精神和大局意识的集中体现。尊重个人的成就和兴趣是团队精神的基础，协作是团队精神的核心，全体成员共同努力形成合力是团队精神的最高境界。团队精神所反映出来的是整体利益与个体利益的统一，它是保证企业高效运营的重要因素。

团队精神并非要求团队成员牺牲自我，而是让他们表现特长、挥洒个性，以此来保证团队成员明确的协作方式和协作意愿，在内心产生真正的动力，以便同心协力达成目标。一个团队如果没有团队精神，只能是一盘散沙。要形成团队精神首先需要团队成员有共同的价值观，否则就无法形成统一意志和统一行动，就无法形成战斗力。这一切都需要有正确的管理文化来作后盾，需要良好的奉献精神和从业心态，否则，团队精神也就无从谈起。

优秀团队的参与是企业成功的重要保证。团队的合作默契程度决定企业运营效率的高低。因此，企业的兴衰成败与团队建设息息相

关,团队建设对于任何规模、任何性质企业都有重要意义。企业文化
是维持团队精神的主要力量,而企业制度只是外在的约束机制。企业
实体是事业成功的硬件,企业文化则是必不可少的软件。比较而言,
企业文化比企业实体更为重要。因为企业实体在资金、技术、人力资
源等条件满足的情况下就可以存在,而企业文化的建设则是一个漫长
的过程。企业文化的建设离不开科学的精神指导和企业全体成员的
共同努力。只有营造出卓越的企业文化,才能使高层决策者制定的宏
伟愿景得以实现。不可能让每个员工都成为企业的决策者,但每个员
工都有义务成为企业的思考者,这是一个企业是否具有活力的重要
标准。

要形成一个具有强大竞争力的团队首先需要发现人才、引入人
才、留住人才;其次是通过合理的组织与决策使这些团队成员为企业
创造更大的价值。

团队只有满足了以下四个互相关联的条件才可能正常运转。第
一,团队要具有影响力。团队中的部分成员不但要在团队内部有影响
力,而且要有能力影响团队以外的人员。第二,团队必须要有一定的
政治知识、关于运作方法的知识和专业技术知识等完成任务所需要的
知识。第三,团队内必须有一套控制系统,这一系统必须要能保障团
队目标的实现。第四,团队要有活力。团队的活力通常是通过团队成
员的工作热情和创造性,以及和谐的团队氛围体现出来的。

此外,选好团队领导也很重要。团队的领导有两类:先锋型领导
和赤字型领导。先锋型领导注重身体力行,常以榜样的形象出现,并
以此影响团队中品质与之相近的成员。赤字型领则注重发现团队工
作的不足,进行拾遗补阙。如果团队缺乏控制,他便会起到控制的作
用,如果团队缺乏活力,他就能成为活力的源泉。先锋型领导可以激
发团队的现有资源,赤字型领导可以给团队成员提供更大的发挥空

间。先锋型领导身上体现出的是领导对团队的要求,赤字型领导身上体现出的是团队对领导的要求。随着市场经济的发展,知识更新的加速化、组织结构的扁平化倾向日渐明显,团队领导的首选模式应该是赤字型领导。因为,他们更注重去培养下属,支持和鼓励下属去肩负重任。不同层次的管理者要想成为赤字型领导都必须进行一定的角色转换。高层管理者要从资源分配者转变为制度建设者,将工作重心转移到是为企业提供活力和视野。中层管理者要从行政管理者转变成支持辅导型的"教练"。基层管理者们要由传统的生产经营的实践者变成充满进取精神的企业家。

从目前的情况看,我们企业的团队文化建设中存在着诸多问题。

首先是团队成员的角色定位不准。有些成员未能人尽其才,有些成员则接受培训过多,对于这类成员,团队领导应委派他们担任更重要的角色或多听取他们的建议。有些成员不缺少工作能力,但喜欢游离于团体之外,不喜欢在团体会议上发言,也不喜欢参加团体项目。对于这些成员,领导要不断促使他们与积极自信的同事合作或给予他们更高难度的工作。而对于某些"天才型"成员来说,日常工作常常会让他们感到缺乏挑战。因此,团队领导要让他们来指导其他成员或参与特殊项目,或者向上级申请给他们调换更合适的岗位。

其次是团队成员工作态度不认真。他们通常会面临掌握新的技能、升任领导职务、随时准备变换新的工作、同时学习几种职位所必需的知识等各种状况。因此,要想调动他们的积极性,就要有相应的激励措施,要有相应的公正奖励。有些团队成员在工作中把握不好"度"。当他们刚开始拥有新的职责或权力时,会对自己的期望值过高,但稍一受挫,便一蹶不振。对于这类成员来说,一定要事先将困难考虑充分,这样在遇到阻力时,才可能以从容的心态去应对,避免措手不及,从而为以后的工作摸索经验、积累信心。

　　第三是团队成员之间苦乐不均。由于每个成员的工作风格都不尽相同,而团队又不得不容纳不同工作风格的成员,因此,这些成员间的冲突也就不可避免。所以,团队应制定一些最基本的规范和准则,以避免此类事件的发生。虽然可以通过岗位轮换的方式满足团队成员对不同工作的偏好,但一定要制定出相应的标准来保证工作的质量和进度。平等、统一的业绩标准可以增近团队成员间的相互尊重,减少负面事件的发生。

　　第四是团队成员感觉不到应有的重视。对此,团队领导者在给自己的成员布置工作时,要规定好时间范围,要求他们制定出相应的计划,也就是达成目标的具体步骤。此外,要划清他们各自的权限,并经常强调这些权限。团队成员明确了自己在团队中所处的位置和所应承担的职责,也就不再有被忽视的感觉了。

　　在企业团队文化建设的过程中,需要做好几个方面的工作。

　　首先,要高度重视企业的组织文化建设。企业组织文化建设是团队文化建设的基础和保障,也是一个团队能否走向成功的重要因素之一。成员之间相互信任是团队的一大特点。团队成员要尊重彼此的思想品质、工作能力和个性特点。团队领导者对其成员也要保持高度的信任,要公平、公正地对待每一个成员。而要做到这一点,则必须依赖企业文化中的组织文化来发生效力。具有建设的、开放性的组织文化是打造一流团队的基础和保障。它既可以帮助团队成员建立自信心来承担工作中的必要风险,支持他们开发自身的潜能,又可以让基层的企业成员对上级的管理模式和战略方案提出质疑。优秀的组织文化是可以容忍合理的失败,而只有容忍合理的失败才能让团队成员毫无顾虑地释放出最大的潜能。

　　其次,企业决策层要学会支持和利用团队来实现其经营目标。一个灵活高效的团队不但可以出色地完成自己的目标,而且还可以与企业的其他团队或部门保持良好的合作关系。在通常情况下,如果一个团队能以任务为导向,那么,他们是乐于接受新的工作方式的。上级管理人员应当与团队成员进行必要的沟通,以便调动团队成员的积极性,进而实现企业的目标。

第三,培养团队的创新精神。一个团队如果具备了创新精神,往往也就有了如下特点:团队成员之间在合作时可以互通信息,坦诚交流。团队成员拥有共同的价值观,并愿意为此付出努力。团队成员对团队的忠诚程度很高。团队风气良好,成员之间能互相容忍不同观点,支持同伴的创意。团队要想达到这样一种理想状态,需要一个长期的培养过程。企业管理层应当在以下几个方面为团队建设提供支持:一是方法和技术的指导,二是信息要定期反馈,三是提供的信息要可靠,四是不断地教育和培训,五是给予一定的资源,六是明确团队的目标。

第四,团队成员间技能互补、分工明确。一个团队要想高效运转,必须同时容纳以下三种不同技能的成员:一是能够处理人际关系、协调解决冲突的成员,二是能够发现问题,并提出解决方案的参谋型成员;三是专业技术过硬的成员。以上三种类型的人员缺一不可,因此,团队领导者一定要充分注意成员的个人特长,分配给他们最适合的工作,以便最大限度地发挥出他们的优势。

第五,在团队中创造出互相尊重的氛围。团队成员间的彼此理解、相互尊重,是一个团队内部和谐的表现。一个团队只有达到内部和谐,才能战胜来自外部的一切阻力,反之,则涣散无力,终将瓦解。企业的管理层或团队的领导者要努力为团队创造一种相互尊重的氛围,让每个团队成员都能自尊、自信投身于工作之中。只有每个成员之间都能相互尊重彼此的贡献,尊重彼此的观点和意见,尊重彼此的能力和技术,团队的效率才能真正发挥出来。

第六,加大团队管理的授权。放权与委托是团队工作的宗旨。团队领导者需要经常性地在权力控制与权力下放、协商式风格与指令式风格之间做出权衡和选择。虽然,团队可以作为某种管理结构的基础,但并不是指简单地摆脱权威体系的束缚,领导者要学会对团队内部权力的运作方式进行变革,对员工的评估标准体系也要有所改变。

3. 企业文化与用人标准

很多企业在发展过程中,常会面临人才储备不足的问题。人才选拔已成为决定企业发展速度的关键。

企业面临人才短缺的时候,最直接、最快速的解决方式是招聘。在基层员工招聘的过程中,企业往往较多关注的是应聘者的个人素质、综合能力、工作经验、专业技能,因为这些将在很大程度上影响应聘者进入企业之后的绩效水平。然而在选择管理人员时,应聘者往往在综合能力和专业技能方面不分伯仲,实力相当。在这种情况下,应聘者与企业文化的融合度就成为其能否被录用的重要因素。因为,相对于基层而言,管理层的稳定更为重要,管理者的去留往往牵一发而动全身。基于这种考虑,许多企业在招聘管理人员时都会充分考量应聘者是否认同和接受自己的企业文化。

全球最大的广告集团 WPP 旗下成员——上海奥维思市场营销服务有限公司创立于 1999 年,现已成长为中国实力最雄厚、规模最大的市场营销服务代理商。奥维思公司为世界 500 强企业及众多知名消费者品牌提供了专业的销售和市场化解决方案。目前,奥维思公司以上海、成都、武汉、广州、北京五大城市为枢纽,业务覆盖全国 600 个城市。

跟很多企业一样,在快速发展时期,奥维思也面临过管理人才短缺的问题。为了招募到符合企业文化要求的管理人员,他们用科学的方式在企业的用人标准中融入了公司的企业文化,并通过可量化的指标加以考核,借此实现了人才选择与企业文化的完美结合。

奥维思的企业文化概括而言就是:持续精进、精诚合作、雷厉风行、纪律严明、激情洋溢、正直诚实。

因为奥维思企业文化有着强大的影响力,所以,在招聘管理人员的过程中,他们不但会关注应聘者的管理才能、专业技能和综合素质,更会看重他是否认同自己的企业文化,这一点已成为最重要的考察标准之一。

"客户完全满意"是奥维思一贯追求的目标。奥维思不仅希望自己成为市场营销领域的领军企业,更希望能与员工、客户及全社会成为最好的合作伙伴。奥维思的最高管理层认为,带给客户一种创新思维,并能将其转化为现实的利益,是市场对营销服务类公司提出的更高层次的要求。也就是说,创意要好,执行力更要好。执行力在奥维思的每个员工身上都有所体现:在执行每一次营销计划时,他们都会采取一种准军事化的管理,每一名参战者都具备能在恶劣环境下生存、能适应各类变化、思路敏捷反应迅速、有熟练的业务知识和良好的实战经验等素质。因此,奥斯思公司在选拔人才时,会很看重他们的执行力。对执行力的高要求是奥维思企业文化的一个特点。

奥维思高层认为,诚实守信是立业之基、做人之本,是奥维思在业界屹立不倒的秘诀,也是所有奥维思人始终坚守的信条。他们希望求职者身上具备这种品质,并将其体现在与同事的合作中、对客户的服务中。此外,工作充满激情、遵守现有的制度、能够迅速行动达成目的、齐心协力创造奇迹,把公司的事情当作自己的事情,等等,也是奥维思选拔人才的重要标准。

对企业文化的认同度是当前企业考量人才的一个重要指标。然而,对于这一指标的把握仅仅靠感觉是很难做到公正客观的。将企业文化进行量化考核是一种更为行之有效的考察方式。

奥维思借管理人员招聘之际定制了属于自己的管理人员测评模板,这一模板不仅可以用在招聘过程中,也可用于评估选拔、培训发展、潜才储备等各方面。

在外部招聘中,可以通过这一模版分析受测者的胜任力、能力倾向,更加入了区别于基层招聘的职业锚和管理风格维度,帮助人力资源部门综合考察应聘者,并向企业提供"综合推荐度"建议,降低任用风险;在评估选拔中,将绩效和胜任力相结合,突破了以往只以绩效为标准的考核,帮助人力资源部门有效地进行人事决策;在培训发展方面,提供可培训指数分析与目前岗位胜任力分析,将管理者分为"可塑之才"、"有用之才""千里马"、"其他"四个类别,帮助企业进行培训优先级排序;在潜才储备方面,根据测评结果指出受测人员短板,并根据短板和学习习惯提供相应的培养建议,并列举一系列操作性很强的任务供人力资源部门选择。

成立于1872年的金佰利公司是全球领先的健康及卫生护理用品企业。他们年营业额超过150亿美元,拥有员工近62000人,在全球37个国家均建有生产基地。一直以来,金佰利都被华尔街追捧为蓝筹股。金佰利公司生产的国际品牌产品,现在已经成为消费者日常生活中不可缺少的一部分。

金佰利公司在130多年的创业史中拥有众多的发明成果和世界首创,包括世界上第一张面巾纸,世界上第一片婴儿纸尿裤和世界上第一片妇女卫生巾。金佰利公司在中国的业务始于1994年,到目前为止已经在北京、南京、上海、广东等城市建立了生产基地,在中国拥有3000多名员工。金佰利公司致力于在中国的长期发展,致力于对公司旗下各个品牌,如"舒而美瞬吸蓝"、"好奇"、"舒洁"等的投资,使这些产品赢得了成千上万中国消费者的喜爱。

金佰利公司在130多年的经营运作中,一直信奉着独特的企业文化和价值观,主要表现在关注团队协作,追求卓越,勇于竞争,褒扬业绩和持续发展这几个方面。除此以外,他们还积极鼓励和支持员工在工作之外帮助他人,改善社区环境,这也是金佰利公司的管理者津津乐道的一个特点。金佰利公司除了信奉自己特有的文化和价值观外,还非常注重中国特有的国情,希望能够拥有一支具有国际一流的技能和熟知本地文化的员工团队,来完成在中国的业务发展。

在选才方面,金佰利除了关注应聘者的潜能之外,还注重态度和行为,包括敬业程度、愿景、诉求、是否希望与众不同、是否渴望优秀,等等。会注重比较实际的技能和经验。对于技能和经验,他们认为,有些不见得非得在工作中获得,在学习中也可以获得。

求职者以往的记录也是金佰利在选择人才时关注的一个重点。这个记录常常要追溯到求职者做学生时。因为很难从工作技能和工作经验去判定一个人是否有可能认同自己的企业文化。因此,他们会将关注的重点转移到求职者的行为、性格和以往的记录上。也就是说,不会太看重专业背景,而是更看重潜质、行为和操守。求职者上学时的学习成绩、在校表现、参与了哪些社会活动,等等,都是金佰利选择人才的重要参考。

此外,是否具有创新精神是金佰利选才的另一个重要标准。金佰利是一个具有130多年历史的老牌企业。对于这样一个企业来说,如果缺乏创新意识,就无法永葆青春。创新要体现在方方面面。为了鼓励员工创新,公司专门设立了一个年度奖项——特别贡献奖。一个员工只要有所创新,哪怕是在很小的方面,比如仅仅是改进了机器的一个零部件,等等,都可以获得这个奖项。因为,金佰利公司认为,创新就存在于点滴之中。

英特尔比较喜欢由内部员工来推荐人才。英特尔有着独特的企业文化。他们认为，那些发展较好的老员工，在推荐人才时，一定会倾向于选择那些比较能够认同英特尔企业文化的人。

英特尔非常开放，沟通非常快，非常讲究效率，讲究结果，很多人无法认同这种文化。因此，由老员工推荐新人是一条捷径。当然，他们也不会放弃毛遂自荐、猎头公司推荐、发布招聘广告、人才交流会、校园招聘会、网上招聘等方式。但他们更偏爱内部推荐，这种方式的成功率也更高。

英特尔在选择人才时，主要依据以下五个标准：

第一，要有准确的判断能力。这种判断能力是基于以前知识的积累。当员工对公司的方方面面有了充分的了解后，他所了解的那些内容可以优化他的工作。当他遇到突发事件或困难时，会有一个比较准确的判断。以加班为例，即使一个员工再愿意加班，也不可能一天24小时都在工作，他需要吃饭睡觉，需要跟家人和朋友相处，不能因为工作而失去亲情、友情和爱情。此时，就需要考虑一下优先顺序。需要准确判断和合理把握工作与生活的关系。如果现在有十件事情摆在某个员工面前，那么，他就需要考虑一下，这十件事是否都需要马上完成，还是可以先做其中的几件，另外的几件可以换一个时间去做，或者换一种方式去做。一个人的一生会面临无数次的选择，能否保证自己的选择是否正确，是一个人才优劣的表现。

第二，要有宽阔的视野。具备跨文化素质、有着国际化视野的人才，是当前很多跨国企业的首选。这些人才不但具备一流的专业技能，而且懂得国际上的惯例、潮流和趋势，同时又对本地的市场、文化和特点有着深刻的认识。其实，这类人才对本土企业也一样具有吸引力，因为中国企业也正在走向国际化，海尔、联想、华为等公司也聚集了大批具有国际化视野的人才。

第三，要有良好的沟通能力。企业员工每天都要面临不同的沟通对象，如媒体、客户、消费者、同事，等等。其中，同事中又有做研发的，有做市场的，有下属，有上司。如何与不同的对象进行不同的沟通，这就涉及沟通能力的问题。要在沟通中体现沟通的价值。有些人在沟通时，并没有充分考虑到对方的因素，而只是自己单方面进行努力。事实上，在沟通中必须要做到知己知彼，才有可能达到理想的效果。要明白自己的信息对别人是否有价值，自己谈论的话题是否能引起别人的关注，如何把别人的兴趣引导到自己所关心的方面上来，并让他们也参与其中，这些都是一个人沟通能力的体现。此外，沟通时一定要注意语言的生动、条理，如果只是一味地滔滔不绝，而没有任何精彩之处，别人很可能会觉得这个人是在浪费大家的时间。事半功倍、举重若轻的沟通方式需要长久的积累和锻炼。

第四，要有很强的学习能力。英特尔公司调查发现，很多大学生在英特尔工作五年后，他们在大学所学到的知识，基本上已经陈旧无用。这就需要员工有很强的学习能力，能够自我激励、自我超越。IT行业是一个日新月异的行业，英特尔公司的发展史其实就是对自己以往技术的淘汰史，是一部不断开拓的创新史。企业整体创新能力的高低，从根本上来说决定于员工学习能力的高低。这种学习能力必须是一种带有主动性的学习能力，因为英特尔公司没有逼迫任何人去学习任何知识，它所拥有的只有公平合理的淘汰制度。

第五，要有主动性。遇到事情要多想一步，要主动沟通、主动学习、主动创造，等等。对于员工主动规划自己的职业生涯之类的事情，英特尔公司是持积极的鼓励的态度。英特尔公司拥有众多的资源，员工需要做的就是主动找到这些资源并为己所用。一个新入职的员工，如果只是按部就班，而不去主动挖掘这些资源，很快就会陷入被动局面。每个员工在英特尔都有机会把握自己的职业发展。他可以主动跟老板畅谈自己的短期发展目标。例如,在一两年的时间内成为某个部门的负责人,等等。对于此类事情,如果员工不主动提及,老板是不会知道的。因为,老板们在通常情况下根本无暇注意某一个员工。在英特尔公司,员工的主动性和独立完成任务的能力都能得到锻炼。每个人都要努力成为自己人生的驾驶员,掌握自己的人生方向,寻找达到目标的路径。

4. 企业文化与人才吸引

据前程无忧的一项报告显示,在一些知名企业中,人才管理的战略之一是打造"雇主品牌"。雇主品牌的核心内涵则是企业文化。这些知名企业认为,自己之所以能吸引人才和留住人才,企业文化起了至关重要的作用。而在所有能对人才构成吸引力的要素中,薪酬只排在第四位。所以,企业要想吸引人才,必须加强企业文化建设,特别是要突出强调其中的社会责任和商业伦理。这样做不但可以吸引到合格的优秀人才,而且也能增强消费者及全社会的好感。在这些知名企业中,雇主品牌的推广是有专人负责的。向高校学生宣传自己的企业和品牌,是这些推广人员的主要工作。这些知名企业会将招募到的大学毕业生作为储备干部,充实到基层岗位进行锻炼,为企业未来的人才需求打下基础。

但有些企业在招聘到目标人才之后,却无法将其长久地留住。有些企业经过多年的发展,生产规模会日渐扩大、销售业绩会逐年提高。但美中不足的是,企业即使出再高的薪酬,也无法留住某些关键人才。当企业的最高管理层认识到问题的严重性时,往往会做一番细致的调查,而得出的结论常常是:自己的企业文化无法得到这些人才的认同。

那么,企业文化在吸引人才方面究竟有多么重要呢? 企业文化常常表现为某种氛围。当某一人才受到薪资或其他因素的影响而选择进入某家企业之后，他首先会感受这里的氛围，也就是企业文化是否符合自己的期望。如果一家企业的文化能够让人才感到如鱼得水，那么，这些人才就会把自己的才华充分展示出来。如果他们认为这家企业的文化与自己的期望相距甚远，自己无法适应这种企业文化，就会觉得自己的才华可能无法尽情施展，就会表现得心不在焉，甚至干脆溜之大吉。企业此前为招聘人才所做的大量工作，也会付之东流，落得个人财两空的下场。如果一个企业的文化建设始终不能满足人才对它的要求，那么这家企业前景终将是黯淡无光的。因为，企业文化与人才引入是相互影响的两个方面。企业文化建设不达标会影响到开发利用优秀人才，无法开发利用优秀人才又会对企业文化的发展产生重要的影响，甚至会让企业的转型和创新活动都变得举步维艰。

因此，企业文化应该具有"磁场"效应，应当对人才起到潜移默化的影响。只要形成了极具吸引力的、积极向上的文化氛围，某些人想要游离于大环境之外也是不可能的。例如，在一家亲情文化浓郁的企业中，那些人才不但可以享受到良好的薪资待遇，更能享受到类似家庭的温馨，这样的企业永远不必担心人才会流失。

那么，一个企业该如何通过培育优秀的企业文化来吸引人才呢？

首先，在企业生产经营的方方面面都要贯彻人本主义思想。只有一切工作都以人为本，才能真正吸引人才、留住人才。

企业的最高管理层必须树立科学的人才观，要学会选才和用才。

企业的主体是员工，这是人本主义管理的出发点。只有在员工充分参与的情况下，只有将每个员工的才能都发挥到极致，企业的各项管理工作才能收到最大的成效。员工个人的发展与企业整体的发展是相辅相成的。只有每个员工的优势都得以充分发挥，企业才能得到最大限度的发展。同样，也只有当企业能健康发展时，员工个人的发展才会得到更好的保障。

如果说得直白一点，人本主义管理，就是企业不能只把员工当成"物"来使用，而忽略了他们作为"人"的需求。如果一个企业不能给员工充分的尊重，那么必然会引起员工的反感或敌视。这样的企业是很容易失去人才的。而失去人才又往往是一个企业失去市场的前兆。

每个员工身上都蕴藏了无限的潜能。企业管理者的主要工作，就是想方设法将这些潜能开发出来。如何根据每个员工的兴趣特长和性格特点来给他们安排最合适的岗位；如何调动每个员工的工作积极性，让他们全身心地投入到创新活动中来；如何让每个员工都有机会参与企业的决策与管理，从而让决策变得更科学、更合理，这些是每一个具备人本主义管理思想的管理者都要思考的问题。

成功的管理就是最大限度沟通，管理的实质就是就管好员工的心。企业管理层与员工之间的沟通应当是全方位的、无间隙的。如果新招聘的人员是中高层管理者，那么，董事长和总经理就应该定期与其进行沟通。如果是一些技术员工，各部门的主管领导就要与其进行多方位的关怀、多视角的观察和多角度沟通，将心比心，以心换心，以最大的诚意消除彼此间的隔阂，增近相互理解，创造相互学习的条件。

没有一个企业成员会希望自己被冷落、被漠视。只有通过心与心的交流，人与人之间才能搭建起友谊的桥梁。人才的成长离不开相互间的沟通。人才的成长与企业的发展，是相互依存的关系。在处理两者的关系时，要把握求同存异的原则，以达到互利共赢的目的。

无论是何种所有制的企业，决策与管理都是领导者应担负的职责。这就要求领导者要具有相当的个人魅力、沟通技巧和管理才能。他们需要有过硬的思想作风、要有科学务实的工作精神，能够虚心听取和积极采纳下属的意见和建议。只有如此，他决策成功的概率才会更大，企业的生产经营才能保持更健康的态势，员工才能在工作中充分体现个人的价值,获得更多的物质利益,他们对企业的依存感才会更强,工作热情才会更大。反之,如果一个领导不具备以上这些素质,自己本身没有工作能力,又嫉贤妒能,打压员工参与管理和决策的积极性,那么员工必然会疏远他。这种管理文化氛围也无法吸引和留住优秀的人才,因为,他不论怎样努力,取得了多大成就,也很难得到领导者的认可和赞许,最后只能失望而去。

很多企业的规章制度往往大同小异,但经营业绩却有着巨大的差距。这其中的原因当然是很多的,但很重要的一点是,在企业制度的执行方面存在很大差别。而制度的制定和执行都必须要坚持以人为本的思想。在执行制度的过程中,必须要做到一视同仁。唯有如此,制度的约束力才能真正体现出来。这样的制度才能让人信服。

人也是一种动物,但和其他动物相比,更重感情。因此,管理者在执行制度的过程中,要体现出一定的韧性,也就是要将人性伸展的尺度把握好,既讲原则性,又讲灵活性,不能机械地认为"制度高于一切",而忽视对人本身的尊重。不能让人才产生被漠视的感觉。企业既要让大多数员工的愿望得以实现,又要保证整体管理目标的实现,企业文化管理的最高境界正在于此。

要创造出一种环境,让人才获得充分的尊重,得到全面发展。这种环境大致来说,就是一个没有勾心斗角、没有推诿扯皮、没有不良的家族文化、没有"亲小人远贤臣"的管理者、没有不思进取和不求创新的群体心态的企业文化氛围。企业培育人才,首先应优化用人环境,只有营造出良好的企业文化氛围,才能形成人才辈出的局面。

要吸引优秀的人才,首先要营造优秀的企业文化,这已成为大多数企业管理者的共识。很多计算机专业的大学毕业生都渴望到微软、戴尔、联想等企业工作。因为,在这些企业,他们不但可以得到优厚的薪酬、学习到先进的管理经验和专业技术,而且还可以感受到深厚的文化底蕴和超前的思想观念。人才的成长需要一个合适的环境和必要的过程,而良好的企业文化正是这种环境的表现。企业文化的建设过程,也是人才不断成长的过程。

企业的市场竞争归根结底是人才的竞争,只有争取到更多的人才,才能争取到更多的市场份额。如何发现人才、吸引人才和留住人才是当下中国企业在文化建设中所应思考的重要问题,是企业人力资源管理部门需要面对的重点攻关课题,是企业人力资源战略管理的当务之急,也是企业可持续发展的战略重点。

企业文化是企业价值观、态度及行为之间相互影响和相互作用的反应。企业文化是企业自身特有的、经过历史沉淀的、竞争对手难以模仿和替代的东西。企业文化决定了企业自身发展的持久力。企业的经营理念是企业文化的主要内容之一。人本主义的管理理念是当代企业文化所一贯倡导的理念。只有通过人本主义管理,才能营造出良好的企业内部环境,打造出具有一流精神的团队,使员工的个人发展与企业的整体发展有机结合起来。

吸引人才的根本是企业的经营理念。海尔公司企业文化的核心是创新。而创新的首要任务是观念创新。物质层和制度层的创新都要以观念层的创新为基础。在组装车间,有一道工序是手工安装螺丝。由于在安装时,工人无法看到螺丝,只能摸索着操作,因此,生产速度很受影响。后来,有一个女工找到了一个巧妙的方法。她将一面镜子放置在某一个位置,然后便可以看到螺丝了。这一小小的改进,解决了一个大问题。因此,这道工序上的镜子就以这个女工的名字来命名。在海尔,相似的例子还有很多。这一方面体现了海尔对于创新的重视,另一方面也体现了它对人的尊重和重视。正是因为有了这样的文化,海尔才能吸引到各种各样的人才,让自己的实力变得越来越强大。作为目前世界上最大的商业零售企业,沃尔玛在它50多年的发展历史中取得了令人叹为观止的成就。其中,起根本作用的是它追求卓越、服务顾客、尊重个人的价值理念。这一理念反映了沃尔玛重视企业与自身、企业与顾客、企业与员工三个层面的关系。它们相互促进、相互制约、协调发展。可以说,这一理念就是沃尔玛成功的根本,也是沃尔玛企业文化的核心内容。

吸引人才的内力是团队精神。丰田、沃尔沃等公司早在20多年前,就已经在各自的生产中引入了"团队"这一概念。当时,这一现象曾被当成是热点新闻。但到了今天,团队精神的重要性已不会再被任何人所怀疑。如果一个企业不采用团队方式组织生产经营则很可能会成为热点新闻。企业要想提高运行效率,团队参与是一种有效的方式,它可以帮助企业更好地利用员工的才智。拥有民主的气氛是团队的一大特点,它可以让使员工与员工之间、员工与领导之间变得更信任,可以更有效地激励员工的创造性和积极性。团结和睦的同事关系、平等宽松的工作环境、以身作则的领导魅力、蓬勃奋进的团体精神是企业团队文化的重要表现。这些都是吸引人才、留住人才的重要内因。

吸引人才的一个重要手段是培养学习的观念。经济全球化是现代企业面临的重要挑战。在这种大背景下,宏观政策、管理机制、科技发展等因素都会对企业形成严峻的考验。要想成功应对这些难题,必须注重人才的培养。一个企业要想充分展示其生命力和超前意识,就必须首先从传统的组织转化成一个现代化的学习型组织。企业上下要团结一致,根据各自的岗位需求,努力学好不同的专业知识,要让崇尚学习成为企业文化的一大特色。只有如此,才能使那些新录用的人员认识到,选择这家企业不但是得到了一个工作机会,更是得到了一个学习机会,这样才能增强员工与企业的黏性。

5. 企业文化与人才危机

在市场经济条件下,企业常常会处于"危机四伏"的状态。为此,很多企业都建立起了规避和防范危机的机制。但其重心往往偏向于信誉危机、信息危机、财务危机等方面,对于人才危机缺乏足够的重视。人才危机对于企业的影响并不亚于其他方面的危机。因此,企业必须要建立起一套应对人才危机的机制。这一机制大致包括以下几方面的内容:对人才危机进行科学定义、成立专门的应对机构、对危机进行科学检测、制定合理的应对计划、进行危机处置模拟训练,等等。总之,是要针对企业的人才现状及可能存在的隐患进行科学评估,并采取相应的对策,以增强人才的稳定性,做到防患于未然。

企业人才危机的出现,通常是由人才流失开始的。人才流失会导致企业人才匮乏和人才结构不合理,会造成企业人力资源投资的巨大损失。如果是核心员工和关键员工的流失,还可能导致商业机密或核心技术的泄露。因为,他们是很多重要信息的载体,掌握着其他员工所无法触及的客户关系和技术资料,等等。随这些人才的流失,企业的重要信息也会流失,有些可能还会流入竞争对手的手中,这会严重影响企业的市场竞争力,给企业以致命的打击。如果人才流失未能引起企业高层的足够重视,就会产生连锁反应,导致企业在财务、信息和信誉等方面陷入全面危机。

人才是企业兴衰成败的关键。因此,企业管理者要充分肯定员工的价值,努力激发他们的潜能,要给予他们足够的爱护和尊重,不要让他们感到压抑,否则必然会出现劳资对立、人心涣散、消极怠工等不良现象。企业应努力增强自己的感召力、凝聚力和影响力,这是避免人才流失的根本。企业信誉是在长期的生产经营过程中逐渐形成的,是来之不易的。企业人员状况是否稳定、员工队伍的整体素质有多高、他们的工作态度是否积极,等等,都可以影响消费者及社会公众对企业整体形象的评价。人员流动过于频繁,会严重影响企业形象和声誉。如果不能正确面对和合理处置这一情况,就会引发可怕的连锁反应。

某公司非常重视员工培训,为此特别成立了培训中心。新招聘来的员工一入职就会被送去接受业务培训,时间长达一年,全部费用由公司负担。先后有五届学员接受了这样的培训。可是,让公司最高管理层始料不及的是,花这么大的成本培训出来的员工,特别是一些核心员工,居然在两三年之内纷纷跳槽。第一届参加培训的员工只留下三分之一,但当时并未引起公司高层的重视,他们认为这只不过是偶然现象。后来,接连几届都出现这种情况,高层才慌了手脚,急忙查找原因。原来,那些离职的员工都感觉自己难以接受公司的管理文化,公司安排给他们的工作无法体现他们自身的价值,看不到晋升的机会.得到薪酬和福利待遇与付出的劳动不成正比。因此,他们常常是心不在焉、自由散漫,工作效率极其低下。由于无法留住人才,这家公司再也无心对员工进行培训,担心白白浪费培训成本,为他人作嫁衣。最后,终于将培训中心取消,员工业务水平也就越来越差,公司的口碑一落千丈,随之而来的是人才的进一步流失,企业陷入了恶性循环之中。

这个案例说明,员工流失率高,会影响整个员工队伍的心态,会闹得人心惶惶。当员工看到别人因"流出"而获得更多的收益或得到更好的发展机遇时,就会纷纷效仿,甚至此前从未有过这种打算的人会跃跃欲试,从而在更大范围内导致员工的流失,严重影响企业对内、对外的形象,危及企业的口碑与信誉。另外,人才流失会形成岗位缺口,直接影响企业的正常经营秩序。

　　在市场经济条件下,企业员工流动是不可避免的。那么,企业的员工流动率应该保持在多高呢? 管理学家研究表明,这个数字应该是8%左右。如果能保持这一比例,不但不会影响企业正常的生产经营,而且可以调动员工的积极性,增强企业的活力。但是,如果人员流动率过高,就会增加企业的招聘成本、培训成本以及新员工适应期成本等等,从而增加总体的人力资源成本,给企业带来不必要的负担,甚至会造成企业总体财务紧张,影响企业的正常运转。

　　王某在大学毕业后就在一家公司做总经理助理。在此期间,很多同行业的公司想挖他,并开出很高的薪水,但都被王某一口回绝。那么,这其中的原因究竟是什么呢? 原来,王某所在的公司针对主动辞职员工设立"回聘"制度。王某曾向公司主动提出辞职。当时总经理充分肯定了他此前所做的工作,并承诺说:只要愿意回来,随时欢迎,如果遇到困难。尽管开口。这些感人肺腑的语言,让王某备感温暖,铭记于心。第二年,他又回到这家公司,并更加发奋地投入工作。他和同事聊天时感慨地说,他喜欢这家企业的文化,这里的工作氛围让他感到亲切。特别是总经理总是给下属一种平易近人的感觉,对工作上犯了错误的同事也从不多加指责,如果有不同建议和意见,他总是委婉地指出来,然后共同协商解决,对员工的承诺总能兑现;公司的同事之间相处得非常和睦,彼此之间非常热情,如果遇到工作上的困难,同事们都会尽量帮助他解决。有了这样的工作环境,谁会舍得离开呢?

　　以上两个案例从正反两个方面揭示了企业在应对人才危机时应注意的一些问题。在第一个案例中,企业员工接受培训后,技能、知识都将会有很大程度的提高,为企业创造的价值可能是过去的几倍甚至几十倍。然而,企业却没有意识到这些改变,仍然以老眼光来看待这些员工,没有向员工提供较好的发展空间和福利待遇,薪资与绩效不成比例。于是,员工对这家企业就越来越失望,最终纷纷离职;还有一些管理人员在经过培训后,能力提高明显,渴望得到升职的机会,但是公司的最高管理层却没有表示出相应的赏识。因此,这些核心人才的流失也就成为必然。参加第一届培训的员工的消极服务态度和人才的大量流失,并没有引起公司管理层的思考和重视,表明这家公司没有人才流失的危机意识,更没有建立起人才危机应对机制;面对员工的离职,这家公司也没有采取任何措施积极地进行补救,导致人才大量流失,危及企业的信誉、财务、整体经营等各个方面,使企业陷入了全面危机。在第二个案例中,面对人才流失,企业则采取了积极的挽救措施,设立"回聘"制度为那些主动辞职员工留下回旋的余地,这体现了这家企业在人力资源管理制度上开明态度,体现了他们求才若渴的心态。一个企业只有具备了这种心态,才能真正留住人心,使自己免于危机。

危机管理就是企业为应对各种危机而进行决策的过程。危机是分阶段出现的,因此,危机管理也要有针对性。在危机发生前要采取相关的预防措施和检测措施;在危机发生时和发生后,要努力寻找其中的原因,找到最合理的解决办法,把损失和危害降到最低程度,使企业能保持持续、健康发展。

事实上,危机预防比危机处置更为重要。因此,企业要建立起相应的预警系统。在日常管理中要时刻关注员工利益,坚持与员工积极沟通,及时掌握异常动态,尽早发现人才的流动意向,并采取合理的改进措施,真正树立起人才流失的危机意识,建立危机预警系统。危机意识是一种超前意识、竞争意识、激励意识和进取意识。企业只有树立起人才危机意识,才能时刻保持紧迫感,做到提前防范,以保证企业的持续健康发展。企业应该强化对人才危机的认识,各级管理者高度保持警惕,形成一个科学合理的人才预警机制,将人才危机放到战略

高度去考虑。企业要成功防范人才危机,应做好以下几方面的努力:

第一,建立健全企业的人才危机保障体系,形成合理的约束机制。要建立培训赔偿机制、违约赔偿机制和技术保密机制等成文约束机制,运用法律手段和经济手段对员工行为进行约束,以保障企业的合法权益,将人才流动纳入法律和制度的约束之下,这样才可以减少因人才流动而造成的负面影响。例如,在第一个案例中,企业原本可以和员工签订培训服务协议,以避免员工在"羽翼丰满"之后"另攀高枝"。这类协议的内容大致包括:接受培训后的最短服务年限、提前离职时对企业的补偿、核心员工离职应承担的责任,等等。企业也可以采取由员工承担部分培训费用,再根据其学习效果来进行报销等措施。

第二,加强人力资源管理的科学化和人性化,健全薪酬奖惩制度。员工的不满情绪和不平衡感很大程度上是由于不合理的薪酬奖惩制度造成的。如果企业不能很好地解决这一问题,就会失去员工的信任感。因此,企业薪酬奖惩制度要体现公平合理的原则,要具有一定的吸引力,并能激发员工的工作热情,要用待遇留人。在第一个案例中,企业要想让那些经过培训的人才长期留下来,就必须首先找到员工需求与企业需求的最佳结合点。让员工在工作过程中有机会充分实践在培训中学到的知识,给他们创造发挥技能和专长条件,只有当员工的自身价值得到充分体现时,他们才可以真正安下心来。另外,企业应让员工明白他在企业的发展前途,帮助员工规划职业生涯,为他们提供晋升和发展的机会。同时,在报酬方面,应该向核心员工倾斜,根据员工对企业做出贡献的大小给予相应的薪酬,对工作业绩好的员工进行职位提升和物质奖励,让优秀员工的价值得以体现。

第三,加强企业文化建设,树立以人为本理念。在第二个案例中,总经理的"临别赠言"充分体现了以人为本的人性化管理思想,让员工在感情上和思想上都有很大的触动，及时留住了人才。企业不但要努力在物质上满足员工的最基本需求，还要让他们的付出与所得相符。另外，在精神上要给予员工更多的关心、爱护和尊重，增强他们对企业的认同感，培训教育工作要有针对性，要定期分析对各类人才的需求。

企业文化能在很大程度上对员工心理造成影响。企业努力通过文化建设使全体员工形成共同的行为准则、道德风尚、经营哲学、基本信念和价值观。优秀的企业文化可以凝聚人心，防止人才流失，具有强大的号召力和凝聚力。企业要将人才培养放在突出的位置，营造出一种关心人才、重视人才的企业氛围，只有这样才能将以人为本理念落到实处，才能建设起具有强大吸引力和凝聚力的企业文化，以保障企业的持续健康发展。

第四，要营造良好的企业环境，加强与员工的深度沟通。环境是影响人才去留的一个关键因素。良好的企业环境可以对员工起到吸引和激励的作用。企业环境具体包括心理环境、人际关系环境、工作环境、制度环境等。企业的各级管理人员都要养成关心员工的工作、学习和生活的管理习惯，要帮助员工解决各种实际困难，使他们能够在和谐、轻松、向上的环境中全身心地投入工作。在第一个案例中，员工经过培训后，综合素质有了很大提高，而企业仍沿用过去的做法，没有能够给他们提供相应的发展环境，没有在薪酬制度和人际关系环境方面采取相应的改革，从而导致员工产生不满而最终辞职。

在危机发生时，企业要努力获取更多的有效信息，以便及时进行补救。在第二个案例中，对于员工的主动辞职，总经理没有表现出丝毫的不满或刁难情绪，而是处乱不惊，以宽容的姿态去应对。并针对员工的离职心理，采取相应的沟通与挽留措施，使员工感受企业对他们人格的尊重和职业发展的关心。

当出现大范围的人才流失时，企业应及时成立相关的应急机构，授权某些人员进行全权处理。这些人员应当对本企业员工队伍和本行业的人才环境相当熟悉,并且要具有领导能力、应变能力和亲和力,要临危不乱,严谨细致,能够在第一时间做出正确的决策。如果相关人员举棋不定或束手无策,就会错过最佳处置时间,会将危机进一步恶化,并引发连锁反应。

　　企业在渡过危机之后,要深刻分析其产生的原因,防止悲剧重演。人才危机可能会导致企业的全面危机,第一个案例就是典型例证,因此,事后总结是十分必要的。另外,还要进行事后管理。其内容主要包括:第一,系统调查人才危机产生的原因和企业的预防和处置措施。在第一个案例中,企业本可以在员工离职时要求其填写一份表格,询问其离职原因等;在员工离职一段时间后,人力资源部门可以对危机产生的真相进行跟踪调查;第二,在了解人才危机产生的真正原因后,企业要全面评价其危机管理工作,包括对危机的预防、决策和处理进行综合评价,对危机管理中的各种问题进行梳理和总结;第三,对各类问题提出相应整改方案,对各部门的改进工作进行检查和监督,以防止再度发生此类危机。

第六章

企业文化与企业精神

1. 企业文化与企业传统

21 世纪是一个充满变革的时代。对于一个企业而言,变革的首要内容是企业文化的变革。而这种变革的关键是如何保持企业的本性,如何在继承传统的基础上与时俱进。企业传统是企业文化的重要组成部分。企业的优良传统是企业的力量源泉和宝贵财富。但在有些时候,企业必须要对这些传统进行创新,才能适应形势的发展,这些优良传统才能够发扬光大。这是一个繁重的、艰巨的、长期的、历史的任务。

在四十多年的发展历程中,大庆油田形成了岗位责任制、"三老四严"、铁人精神、大庆精神等诸多的优良传统和工作作风。其文化建设的重要基础和核心就是这些传统和作风。为实现企业的可持续发展,以及应对经济全球化所带来的机遇与挑战,大庆油田在继承这些优良传统的基础上,在实践中不断注入创新行动和崭新思维,努力构建具有石油行业特色的企业文化,以文化发展推动管理升级,以观念更新推动理念创新。

下面我们来具体看一看大庆油田究竟有哪些优良传统,这些优良传统又是在怎样的历史条件下形成的。

第一，岗位责任制。这是大庆油田最基本的生产管理制度。大庆油田的岗位责任制就是把全部管理工作和生产任务具体落实到每个人和每个岗位上，做到事事有人管，人人有专责，办事有标准，工作有检查，以保证能够充分发挥广大职工的积极性和创造性。大庆的岗位责任制是大庆人从油田管理和生产实际出发，在对正反两方面的经验进行充分总结的基础上逐步建立和完善起来的。它具体包括安全生产制、岗位练兵制、班组经济核算制、质量负责制、设备维修保养制、交接班制、巡回检查制和岗位专责制八大制度。

第二，有条件要上，没有条件创造条件也要上。这是以"铁人"王进喜为代表的大庆石油工人向全国人民喊出的豪迈誓言。它表达了大庆人艰苦创业的钢铁意志和对待困难的顽强态度。四十多年来，大庆人正是发扬这种精神，才克服各种各样的困难，将油田建设得越来越好，有力地支援了国家的经济建设。

第三，艰苦创业的六个传家宝。在大庆石油会战及此后的开发建设中，大庆人弘扬爱国主义精神，不畏困难，艰苦奋斗，逐步形成了修旧利废精神、回收队精神、缝补厂精神、五把铁锹闹革命的精神、干打垒精神、人拉肩扛精神。在大庆人艰苦创业的传统中，这六种精神是最重要的内容，被誉为"六个传家宝"。

第四，领导干部"约法三章"。1964年8月下旬，大庆石油会战工委通过总结会战几年来"领导亲临前线指挥生产和蹲点调查"、"干部参加劳动"、"发扬艰苦奋斗精神"的好处后，制定了一系列措施，以加强企业领导干部的革命化。其主要内容包括：永不说假话，永不骄傲，兢兢业业，谦虚谨慎。不能做官当老爷，坚决克服官僚主义，永不特殊化，保持艰苦朴素的生活作风，坚持艰苦奋斗的优良传统。

第五，要有"三股气"。即一个人，要有志气；一支队伍，要有士气；

一个国家,要有民气。志气,即一个人的奋斗精神、意志和理想。士气,即团队的信念和斗志。民气,即民族的自强心和自尊心。这是大庆人艰苦创业的强大精神力量。

第六,"三基"工作。即抓好基本功训练、抓好基础工作和抓好基层建设。这是会战工委在总结会战初期加强基层建设的基本经验,于1964 年提出的。是全面发展、全面提高基层工作的指导方针。基本功训练的主要内容是加强岗位练兵;基础工作的中心是加强岗位责任制;基层建设的核心是加强党支部建设。

第七,"五到现场"。即生活服务到现场,科研设计到现场,材料供应到现场,政治思想工作到现场,生产指挥到现场。

第八,"三个面向"。大庆油田工作的基本指导思想是面向群众,面向基层,面向生产。在 1960 年大庆石油会战伊始,会战工委就强调机关的工作要围绕着生产进行,各级领导要亲临生产第一线进行指挥。在 1962 年 5 月,会战工委针对当时基层建设工作还不够巩固,机关工作缺乏扎实的作风,不细致、不深入的问题,要求各级领导干部必须深入生产第一线,扎扎实实领导生产,面对面地领导基层工作。经过不断实践和总结,到 1964 年形成了"三个面向"的工作指导思想。

第九,"四个一样"。即对待革命工作要做到,没有人检查和有人检查一个样,领导在场和领导不在场一个样,坏天气和好天气一个样,黑夜和白天一个样。"四个一样"是大庆油田职工把解放军"三大纪律八项注意"和党的优良作风与油田会战具体实践相结合的产物。

第十,"三老四严"。即对待革命事业,要做老实事、说老实话、当老实人。对待工作要有严明的纪律,严肃的态度,严密的组织,严格的要求。"三老四严"的提法,最早出现于 1962 年,形成完整的表述则是在 1963 年。这些优良作风来自于工作实践,是在大庆油田领导的反复倡导和精心培育下,在实际工作中不断磨炼,逐渐形成于职工队伍中。

那么大庆油田又是如何继承和发扬这些优良传统的呢？下面我们就"四个一样"为例来说明这个问题。

随着市场经济的发展，大庆油田的生产经营方式也发生了深刻变化。一厂二矿员工在继承"四个一样"优良传统的基础上，在实践中总结出"贡献大小薪酬不一样、技能强弱岗位不一样、管理好坏待遇不一样、素质高低使用不一样"的"四个不一样"管理理念。

"贡献大小薪酬不一样"针对的是全体员工。通过薪酬分配改革，将员工的经济收入与责任分量、工作质量、技术含量和工作数量挂钩，实现能升能降的薪酬制度。

"技能强弱岗位不一样"针对的是操作层。用建立岗位流动管理办法，对生产岗位实行动态管理，根据员工业务能力和技术水平的动态变化，在竞争中适时调整其岗位，实现岗位的能进能出。

"管理好坏待遇不一样"针对的是基层小队。通过制定基层小队量化考核办法，对管理水平高的小队，在荣誉指标、物质奖励、设备配备、资金投入等方面实行政策倾斜，实现待遇的能高能低。

"素质高低使用不一样"针对的是管理层。通过引入竞争机制，实施群众评判、组织把关等方法，把群众公认的、业绩突出的、能力强素质好的、有发展潜力的人才选拔到管理岗位，同时调整那些不适合岗位工作要求的管理人员，做到能上能下。

大庆人在实践中意识到，只有用"四个不一样"管理理念作保证，才能更好地发扬"四个一样"优良传统。而要想实施"四个不一样"管理理念，又需要"四个一样"精神来落实。大庆油田以先进理念引领企业的改革发展，大力推进"四个不一样"的理念，并将其融入实际工作中，为深化企业改革奠定了坚实的思想基础。这是处理好发扬传统与改革创新之间关系的典型案例。

　　企业自身的优良传统对企业的持续、健康发展固然重要,但企业传统在某种程度上来说,是在继承民族优秀传统文化的基础上形成的。当一个企业能够很好地将民族的优秀文化传统融入企业的生产经营实践和文化建设之中时,也就形成了企业新的优秀传统。

　　中华民族传统文化具有强大的生命力和融合力,其精华得到了很好的传承。这对于中国企业而言是一笔取之不尽、用之不竭的精神资源。我国企业要想持续、健康发展就必须要从这些优秀民族文化中汲取营养。优秀的传统文化应当成为中国企业家精神素质的根基。因为,它既具有凝聚力,也具有竞争力。以当代管理者的视角对传统文化进行重新审视,发现其意义,彰显其魅力,深入挖掘其"使用价值",这也是一种文化创新。中国企业应当在充分继承和发扬中华民族传统文化的基础上形成有自己特色的企业文化。

　　双星集团原本只是一个仅能生产胶鞋且濒临倒闭的企业,通过资本、品牌和文化的运作,目前已经从只能给人做鞋的企业成功转型到能给汽车做"鞋"的企业,产业链延伸到热电、机械等 23 个领域,创造了"国有吃国有"(国企双星收购国企东风轮胎)、"快吃慢"(发展快的兼并发展慢的)、"小吃大"(做鞋的兼并做轮胎的)的新奇迹,成功实现了跨行业大发展。在世界上所有的加工制造业中,双星的管理是最好的。与韩国工厂相比,双星制鞋工厂每条生产线上至少会少用 40%的工人,但产量却更高。韩国鞋业协会的主席曾当面跟双星集团总裁汪海"借"管理人员,这说明双星的管理确实比他们强。

　　双星集团的决策层认为,企业文化的威力比原子弹还要大。而很多深刻的企业管理文化就蕴藏在我国的传统思想文化中。因此,他们创造性地在文化管理中融入优秀民族文化的因子,真正升华了双星品牌的理念,成为推动企业发展的重要因素。

　　结合近 40 年探索和创造民族品牌的实践经验以及诸多的管理理

论,双星集团以中国传统文化儒、道、佛"行善积德"的精髓思想作基石,以马克思主义、毛泽东思想、邓小平理论中所提倡的"实事求是"为标准和原则,形成了以"实事求是、行善积德"为核心的双星新文化。在继承中国传统文化和不断总结提炼市场经济的管理理论、市场经济的企业文化、市场经济的思维观念的基础上,创造出了名为"ABW"的管理理论。ABW 理论是一套以独特的民族精神和民族文化智慧为内涵的中国式管理理论。

A 代表第一。寓意中国的企业家和企业要勇于争一流、敢为天下先,要站得更高、看得更远、更全面。

B 这个字母是由两部分组成的,拆开就是 1 和 3,代表有 13 亿人口的大国、13 亿人口的大民族、13 亿人口的大市场。"1"像顶梁柱,寓意企业家要有顶天立地的精神,"3"寓意要有市场经济的"三性"观(个性、人性、党性)。另外,"3"形似弯腰俯身之人,寓意企业家要扎扎实实,脚踏实地,才能把企业做大做强。

W 形似展翅高飞的雄鹰,同时又是双星集团总裁汪海名字的汉语拼音的第一个字母,寓意企业家要带领他的企业搏击长空,敢于挑战,永不满足。

市场经济的新"三民主义"是 ABW 理论的主线,即民族企业家、民族品牌、民族精神。

市场经济需要培育民族企业家队伍,创造民族品牌,振奋民族精神,以此振兴民族经济,发展民族工业。

"继承传统优秀的,吸收外来先进的,创造自己特色的"是 ABW 理论的精髓。"继承传统优秀的"是指继承民族文化优秀思想所倡导的"行善积德"的精神。"吸收外来先进的"是指借鉴国内外一切有益于企业发展的管理经验。"创造自己特色的"是指在"继承传统优秀的、吸收外来先进的"基础上,提出了"企业什么都可以改革,唯有质量第一不能改革"、"今天不创新、明天就落后,明天不创新、后天就淘汰"、"干好产品质量就是最大的行善积德"等文化理念,创造出一套独具双星特色的管理理论。

为了提高员工对企业的归属感和忠诚度,双星集团巧妙地利用"孝文化"。孝道是中国传统道德的重要组成部分。儒家思想认为:一个人只有先成为孝子,才有可能成为忠臣。"孝"是中国传统社会的基石,在市场经济条件下,也应值得大力提倡。

汪海对"孝"文化的解释是:"今天,尊老爱幼、孝敬父母,仍旧是社会安定、中兴盛世、和谐繁荣的重要内容。一个人只有首先爱及父母,才可能友善于他人,才能爱工作,爱国家;一个人只有心存孝心,才能自守有度,整个社会才和谐太平。"

在"争当孝星,做企业和家长放心的员工"活动中,他们将优秀员工的家长请到公司来做客。这样做可以让员工更好地继承和弘扬尊老敬老的传统美德,增强了他们的道德情感。"二十四孝"故事展馆是双星在其度假村建造的目前国内企业第一个大型"孝文化"展馆。通过建设这一展馆,双星对"二十四孝"中正面和负面的因素进行了合理取舍,赋予它与现代社会精神文明相匹配的内容,使中华民族传统美德在新的历史条件下保持了自己应有的活力,焕发出自己独特的魅力。

双星对"孝"文化的继承和弘扬还体现在其产品上。他们在20世纪80年代便已研制出"双星老人健身鞋",此后又研制生产出"双星妈妈鞋"、"双星爸爸鞋",将人文情感注入产品之中,提倡子女对父母长辈的关爱。这种人文情感在双星鞋的包装上体现的更为突出,如"双星老人健身鞋"的鞋盒上画的是寿星图,"双星妈妈鞋"、"双星爸爸鞋"的鞋盒画的是一对白发老人相拥相携,这些都很好地表达出人们尊老、敬老和祝愿老年人健康长寿的心愿。

通过这些活动和产品使员工懂得什么是美德,什么是优良传统,应该怎样去弘扬这些美德、继承这些优良传统,哪些行为是值得赞扬的,哪些行为是应当唾弃的。此外,通过这些活动和产品,加深了员工对双星品牌的感情,增强了他们的责任心,唤醒了他们的良心和公心。

汪海认为,职业道德说到底是个权责观的问题。只有很好地履行了职责,才能当之无愧、名正言顺地获得职业权利。这就好比在一个家庭中,父母有抚育子女的义务,但子女也应尽到赡养父母的义务。企业就是员工的衣食父母,它不但给员工提供了获取物质利益的机会,还给他们提供了实现自我价值的机会。那么,员工也应该以自己的智慧和能力来报答企业的养育之恩。正是因为明白了这样一个道理,双星人才在自己身上充分体现出对企业的"孝心",形成了他们在新的历史条件下所应具备的职业道德。

此外,双星在继承中国传统文化的基础上,结合自身实际,对"孝"文化进行了新的诠释,形成感恩文化。他们将种感恩文化形象地概括为:"心怀感恩心,干好手中活"。感恩文化对员工的心灵起到了净化作用,成为他们的行为准则。在此基础上,双星又融合了传统优秀文化中的"积德行善",形成既能够适应市场经济的发展又具有鲜明的企业特色新文化、新传统。在双星员工的内心深处,"干好产品质量就是最大的积德行善"、"质量等于人品,质量等于道德,质量等于良心"等文化理念已深深地扎下根来。双星将这些理念与生产、创新、制度相结合,为企业注入源源不断的激情和活力。

作为中国优秀传统文化的实践者,双星能够持续健康发展的重要因素之一是他们成功地运用儒道佛文化对企业进行管理。我国传统思想中蕴藏着丰富而深刻的企业管理文化。这些传统思想以伦理为本位,强调集体利益和社会需求,崇尚美德,讲求诚信,这些都可以在企业管理中起到重要的作用。

创新与传承的有机结合是文化建设的基本规律之一。当代文化蕴寓于传统文化之中。传承是文化的基因,创新是文化的生命。没有传承,文化就成了无源之水、无本之木,就缺乏积淀和底蕴。没有创新,文化就无法体现出时代精神,就无法与现实相结合,它的内涵也就无法得到丰富和发展。

企业的文化建设必须坚持传承与创新的统一,既要注重对民族优秀传统文化和企业自身优良传统的传承,建设其传承体系,弘扬其思想精髓;又要懂得提炼和挖掘,并在此基础上形成新的品德、新的意蕴,既要保留传统文化的精华,又要赋予它们崭新的时代意义。传承的过程是一个蕴涵着创新的过程,也只有在传承中创新,才能更加有效地对中华文化的优良传统和企业自身的优良传统进行继承和发扬,并让企业成员始终对其保持其自豪感和自信心。只有让中华传统文化和企业优良传统焕发出新的魅力和保持长久的生命力,企业的新文化、新传统才能有更牢固的根基和更深厚的底蕴。

2. 企业文化与模范人物

企业模范人物是一个企业优秀价值观的体现,是企业价值观的人格化。企业的价值观如果仅仅停留在口头上或是表现于文字,就等于没有价值观。企业价值观需要通过一定的人物或事件来体现、来验证,这种人物就是企业的模范人物。模范人物是企业文化的一种象征。他们往往可以受到其他企业成员的尊重,是企业全体成员学习的榜样。他们的言行常会被其他的员工所效仿。

企业的模范人物多数是由员工公认并推选出来的普通人,或者是从工作实践中脱颖而出的精英,他们在各自的岗位上取得了突出的成绩,做出了特殊的贡献。具有传奇色彩的企业创始人、企业的技术能手和劳动模范以及企业的其他优秀员工,都是模范人物。

　　如果缺少了范模人物,企业价值观就会显得空洞无力,就变成了表面文章。企业模范人物是企业价值观的"形象代言人"。企业可以通过范模人物向全体员工树立一个标杆,向他们指明努力的方向。

　　企业文化的很多内容,特别是企业价值观,通常是由企业的最高决策者提出来的。这些理念如果仅仅是向全体员工宣传、灌输或是培训,而缺少实践之人,那么这些理念就只能永远是口号或文字,无法真正推动企业的发展。

　　企业需要在员工中找到企业价值观的"代言人",并加以宣传,从而形成辐射效应,最终达到让全体员工都能接受和践行这一价值观的目的。这就是企业价值观的人格化过程。

　　企业模范人物就是践行企业价值观的人,他们是与其他员工朝夕相处的平凡却又不平凡的人,而不是那些遥不可及和难以望其项背的"伟人"。模范人物可以做到的事,其他员工经过努力也可以做到,这就是"模范"与"偶像"的本质区别。模范人物的事迹或成绩是有目共睹的,是得到广大员工共同认可和一致赞许的,不会因为某个领导者的好恶而被无限夸大或湮没无闻。企业只有发现、表扬、奖励、提拔、重用和宣传这样的人物,才能让自己的价值观更贴近员工,更容易被他们所接受。被誉为"新时期铁人"的王启民便是这样一个人物。

　　王启民是大庆石油管理局勘探开发研究院院长,"双百"人物中的共产党员。1961 年,大学刚刚毕业的王启民,怀着一腔报国之情,来到大庆油田会战工地,开始了献身祖国石油事业、勇攀油田开发科技高峰的艰辛征程。

　　当时,大庆油田正处于创业初期,条件极为艰苦。由于油田含蜡量很高,有的外国专家断言,中国人根本无力开发这样的油田。这对王启民的内心产生了极大震动。

为了不让外国人的预言成真，为了给中国石油工人争气，刚刚被分配到油田地质指挥所的王启民决心在实践中解决这一重大难题。他干脆搬到井场去住，与现场的技术人员和工人一起钻研。由于工作环境恶劣，居住的帐篷阴冷潮湿，王启民患上了类风湿强直性脊椎炎，常常疼得走路都得弯着腰。很多同志劝他回去休养，他坚决不干，硬是忍着疼痛咬紧牙关坚持工作在井场。他以严谨的态度，认真对待每一个数据、每一份资料，认真对待每一项实验和每一次分析。通过不断的艰苦努力，问题终于得到了解决。他大胆地对"温和注水"这一当时油田开发的主要理论提出质疑。在一次技术座谈会上，他成竹在胸地说："这里每口井都有数十个油层，每个油层厚薄相差很大，各层吸水多少也不同，呈典型的非均质特点，要人为达到注入水都均衡推进是违反客观规律的"。他还把厚油层形象地比作是一个大个子运动员，体力好，跑得快；薄油层、差油层就像小个子运动员，体力差、跑得慢。要想让这两个运动员保持同样的速度，是一种不明智的选择。应该区别对待，当快则快，该慢则慢。他把这种注采方法概括为"因势利导，逐步强化，转移接替"。油田领导对他的科学分析给予高度赞扬，并让他带领一个小组进行大胆试验。

在王启民的带领下，该试验小组选择了一口油井进行试验，该井含水高达 60%。但奇迹还是出现了：该井由原来的 30 多吨日产量猛增至 60 多吨，而含水量则有所下降。他们的经验在油田得到大力推广，300 多口日产百吨以上的高产井被培养出来。这一注采方法打破了国外"温和注水、均衡开采"的传统观念，使大庆油田在中低含水阶段保持了稳产，充分显示了中国石油工人和科技工作者的勇气和智慧，大长了中国人的志气。

如何才能让油田实现持续高产稳产是王启民一直在思考的问题。他认为，要想解决这个问题，首先就必须要有一整套油田开发方法及配套的工艺技术。为此,从 1970 年开始的 10 年时间里,王启民都在率领科研队伍在中区西部进行接替稳产试验。他和工人们一起施工作业,对每一口井都进行了取样化验,对得出的数据进行了认真分析,工作常常是通宵达旦。夏季蚊虫肆虐,他的身上满是拍打蚊早留下的血点。冬季户外滴水成冰,帐篷里也结满了冰,他常常冻得浑身打战,风湿病日渐加重,经常疼得头冒虚汗,直不起腰来。有时,风湿病会转移到眼睛上,引发虹膜炎,眼球血红。同志们劝他去养病,他说:"我是组长,最了解试验方案和进展情况,怎么能走呢?"妻子心疼他的身体,悄悄找领导协商好要调他去北京工作,可王启民坚决不同意。妻子生气,要和他离婚,他说:"那里有大油田吗? 要走你走,我不走"。

大庆油田于 1985 年实现了第一个 10 年稳产的目标后,又提出再稳产 10 年、向世界油田开发高水平迈进的目标。这是一个更具挑战性的目标。因为,按照通常的规律,每个油田勘探开发都会经过上产、稳产、减产三个阶段。世界同类油田最长的稳产期为 12 年,短的只有 3 年至 5 年。大庆敢于提出这样的目标,证明了以王启民为代表的油田开发科技工作者的信心和勇气。当然,其难度也是可想而知的。

从 1985 年开始,大庆油田有三个地区发生了连续两年大面积油井套管损坏的事件,最严重的是南八区,147 口油井中损坏率高达 95.9%。套管损坏带来了严重后果,部分区块只能关井,整个油田的正常生产受到严重威胁。心急如焚的王启民,带领几名技术骨干,深入现场进行调研和技术攻关。套管损坏涉及管理、工程、地质等多方面的问题,为了彻底查清原因,王启民打破学科界限,向各方面技术人员请教。他们白天到地质队查阅资料,晚上把资料借回来一起研究。对于一些具体问题。王启民会把现场的老工人请来,向他们讨教,群策群力,共同解决问题。正因为有了这种团结协作精神,套管损坏原因终于被查清,并且制定出了具体的防范和整治措施。套管成片破损这一"井瘟"得到有效控制。

王启民主持领导了很多事关油田发展的重大科研课题。参加者多则几十人,少则几个人,这些人有的是技术专家,有的是一线工人。每承担一个科研课题,每搞一次现场试验,他都认真听取各方面意见,博采众长。因此,够能制定出最佳的解决方案。

为奖励王启民多年来为大庆油田开发所作出的突出贡献,中国石油天然气总公司 1997 年 1 月 1 日授予他首届"铁人科技成就奖"金奖,并发给他奖金 10 万元。面对这样的荣誉,王启民表示:"我取得的每项成绩都包含着油田许多科技人员和现场工人的心血,我只是他们的代表,是代表他们领奖的。"对于总公司所发的奖金,王启民一分不要,全部用作科研奖励基金,鼓励广大科技人员专心搞科研。

王启民不但是大庆油田的楷模,而且是中国科技界的楷模。他身上体现的是顽强拼搏和"铁人"精神,是为国争光、为民族争气、自力更生、艰苦创业、讲求科学、"三老四严"、顾全大局、为国分忧的大庆精神,他是大庆油田企业价值观的完美实践者。

企业模范人物可以分为个体模范和群体模范两大类。个体模范就是那些努力践行企业价值观和充分体现企业精神的个人。他们往往在某一方面比一般员工更突出、更优秀,但并非所有的方面都完美无缺。因此,企业在对个体模范进行宣传时不能"以偏概全",对他们的要求也不应该是"十全十美",不能将企业员工的全面发展寄希望于某一个模范身上。群体模范是指企业某一个部门或企业全部的个体模范的集合。群体模范是企业价值观的综合体现,是完整的企业精神的化身。企业群体模范的行为,具有全面性,是个体模范行为综合和提升。企业群体模范的行为可以成为企业全体员工的行为规范。

如果按不同类型来划分,企业模范又可分为领袖型、开拓型、民主型、实干型、智慧型、坚毅型、廉洁型等几类。领袖型模范往往志存高

远,具有很高的精神境界,他们的价值观总是能与社会发展规律相适
应;开拓型模范的特点是永远不会安于现状,他们充满了竞争意识和
创新意识,敢于打破陈腐旧套,勇于开拓新的领域;民主型模范是处理
人际关系的高手,他们善于凝聚人气,开发群体的潜能,在处理问题时
喜欢集思广益,而不会独断专行;实干型模范常常是默默无闻,不求名
利,但有集体意识和大局意识,能够埋头苦干,无私奉献;智慧型模范
才思敏捷,知识渊博,在处理问题时总是能巧妙应对,出奇制胜;坚毅
型模范总是不畏艰险,知难而进,关键时刻,挺身而出;廉洁型模范能
洁身自好,一尘不染,处事公道,深得人心,是廉洁自律的表率。以上
七类模范人物并非彼此独立,而是互有交集,有些人在某一方面表现
突出,有些人则在另外的方面表现突出。在有些模范人物身上会同时
体现出几个方面的优点。

模范人物的示范效应可分为两种类型:一种是原发型示范效应,
也就是优秀人物在没有通过宣传的情况下所产生的影响。另一种是
树立型示范效应,也就是优秀人物在得到他人和社会的肯定,并被广
泛宣传和树立成榜样之后产生的影响。这两种类型的效应影响范围
和程度均有所不同。在通常情况下,树立型示范效应的影响范围和程
度相对较大,原发型示范效应的影响范围和程度要小一些。原发型示
范效应是树立型示范效应的前提和基础,树立型示范效应是原发型示
范效应的升华和发展,是更高级的示范形式。树立型示范效应的产生
和发生作用的过程通常是这样的:首先是企业在生产经营过程中发现
原发型模范人物,然后将他们的行动和成果与企业的价值观相联系,
最后将其树立为典范,进行宣传和表彰,成为企业的其他员工的学习
榜样。

企业模范人物与企业价值观是互为依托、相辅相成的。企业价值
观只有先经过模范人物的践行才能被更多的员工所接受,而模范人物

之所以能成为模范人物,正是因为他们践行了企业的价值观。在企业范模人物身上体现出的是企业精神,是被合理化和规范化的群体行为和企业行为,是或多或少地存在于企业全体员工身上的企业精神的集中反映。模范人物的个人目标与企业的发展目标是高度重合的,他们是推动企业发展的重要力量。在践行企业价值观的过程中,范模人物付出的努力和做出的贡献是超越常人的。当遇到棘手的事情时,其他员工可能会畏首畏尾、束手无策,而模范人物则会知难而进、合理应对。他们身上所体现出的无私奉献精神、开拓创新精神、顽强的意志力和卓越的工作能力共同构成了他们巨大的人格魅力,带给其他员工强大的影响力和震撼力。

弘扬模范人物的精神是企业文化建设的重要内容,其根本目的是提高员工队伍的整体素质,保证企业的持续健康发展。缺少模范人物的企业文化是不健全的企业文化,这样的文化是很难被传播和推广的。在通常情况下,人的行为是由他的观念所引导的。企业模范人物的言行在很大程度上会影响其他员工的思维方式,进而影响他们的行为,甚至整个企业的行为。企业通过模范人物对其他员工施加影响时,不应该只是一味地教导,而是要多启发他们;不应该只是督促,而应该多示范;不应该用强制的方式,而应该多采用引导的方式。也就是说,要用潜移默化、润物无声的方式让范模人物的精神发挥其应有的功效,这样才不至于引起其他员工的逆反心理。

任何一个企业模范人物都不可能是天生的,而是需要他们自己去努力奋斗,同时还需要企业管理者去发现和培养,需要一个适宜的成长环境。缺少了这样的环境,即使有人想成为模范人物,恐怕也很难;即使有的人被强行树立为模范,恐怕也很难得到其他员工的认可。

要营造这样的环境,企业首先就得有自己明确的愿景和价值观以及行为准则。要让员工明白,企业的未来是什么样子,企业提倡什么,反对什么，自己来到这家企业是为什么，可以得到些什么，自己应该怎样做。只有这样，员工才能有一个基本的价值取向。而模范人物就是企业理念的体现者、企业价值观的实践者。如果企业的理念和价值观是似是而非的、混乱的，那么就没有人能够成为模范人物，因为任何一个人都会变得无所适从，不知道应该怎样做才是对的。而有些员工虽然能得到其他员工的高度认可和广泛赞誉，但却不一定能得到企业领导者的重视，这也是一种理念和价值观混乱的表现。

企业在发现和树立范模人物时，需要有一定的手段和标准。如果仅仅凭借领导者的个人好恶、主观感受和一时冲动，是很难选择到能够被广泛认可的模范人物的。那么，用投票选举的方式会不会更好一点呢？事实上，如果选举缺少科学性和透明度，缺少规范的流程，那么选出来的只能是"好好先生"，而不是模范人物，这样的选举也只能成为广大员工的笑料。因为这些左右逢源、八面玲珑的人身上并没有突出的能力和优秀的品质。一旦这些人被作为模范加以宣传和奖励，那么广大员工必然会认为，投机取巧比努力工作更重要。长此以往，企业内部环境就会向呈现出一种病态化趋势，这对企业的长远发展是极为不利的。因此，树立企业模范人物，需要有一套科学的考评体系和严明的规则。

对模范人物的考评大致可遵循以下三个标准：第一，要有卓越的表现。模范人物必须是在某一方面表现卓越的人，是由于自己的卓越表现而对企业的物质文明和精神文明建设带来巨大收获的人。这些方面包括工艺流程、营销策略、管理方法、产品创新、科研开发，等等。第二，要看长期的表现。很多企业会因为某一个人在某一方面或某一件事上的突出表现，就将其树立为模范人物，而是要看一个人在企业生产经营过程中的长期表现，用事实说话，这样更能得到其他员工的认可。第三，要很好地体现企业的价值观。如果说业绩是树立模范人物的硬性指标,那么是否能体现企业的价值规则则是软性指标。模范人物一定要是那些能够严格遵从企业价值观并且有相应事实可以验证的人。

选择模范人物的标准,中、西方企业会有所不同。西方企业长期在高度法制化和市场化的环境下运作,因此,会更重视契约和规则,会更看重模范人物的业绩。中国企业可能会更侧重于人格魅力。在对模范人物的崇敬心理上,西方人强调人格独立和自尊,中国人则带有浓重的盲从和依附心理。因此,对于中国企业而言,在选择和树立自己的模范人物时,要把握好"度",要有事实依据,不能只对人不对事,对个人的力量不可过分夸大,要突出文化的力量和集体的力量,这样才能树立起平凡而伟大的模范人物,使企业文化在模范人物身上得到最生动的体现。

3. 企业文化与思想政治教育

与规章制度这类硬性管理方式不同,企业文化是一种软性管理方式,是一种软约束和软激励。同样,员工思想政治教育工作也是一种软性管理方式。那么,这两者之间有着怎样的联系和区别呢? 它们各自在企业管理中究竟能发挥怎样的作用呢?

一定的政治集团或阶级为实现自己的任务或政治目标而对一定的受众进行的教育就是思想政治教育,它是一种综合了心理教育、道德教育、政治教育和思想教育的教育实践。

企业思想政治教育的内容可分为四个层次。第一,针对个别员工的教育。这一层次教育的出发点是协调员工之间的关系,解决个别人的思想问题。其内容是就是帮助个别员工解决他在工作、生活中所遇到的困惑、帮助他们解决思想上的矛盾。第二,从企业自身出发的教育。如与生产经营直接相关的日常教育、厂规厂纪教育、职业道德教育、企业精神教育等,这一层次的教育是为了满足企业生存发展的需要。一个企业只有通过思想政治教育对内部关系进行协调才能消除各种矛盾,维持其正常的运转。企业要想持续、健康发展,需要有一个坚强的精神支柱,而树立这样一个支柱离不开思想政治教育。第三,与国家的政策、法规相关的教育。如经济形势教育、民主法制教育,这一层次的教育是以政府的需要为出发点的。一个国家政权只有在充分普及民主法制的基本知识的基础上,借助于民主法制的武器来维持自己的统治,规范广大民众的思想认识,才要达到政令畅通。第四,与政治组织相关的教育。如党的路线方针政策教育、四项基本原则教育、世界观和人生观教育、马克思主义基本理论教育,这一层次的教育是为了满足党组织的需要。党组织要想发展壮大,就需要对自己的主张和理论进行广泛宣传。党组织为使自己内部更为团结,就需要形成统一的思想基础。

由此可见,与企业文化一样,企业思想政治工作也是一种超越于一般管理之上的管理层次,它不但与物质文化建设有关,同时也是精神文化建设的一项重要内容。

思想政治教育前两个层次的内容,属于微观的企业文化建设。后两个层次的内容属于宏观政治文化建设,它们虽然不是企业的直接需要,但也会在一定程度上影响企业的生存发展。有些缺乏政治观念或整体观念的企业管理者,常常会把这两个层次的内容视为额外负担,将其与企业生产经营活动摆在两个轨道,甚至是对立的位置,并因此加以排斥。但如果对企业文化和企业思想政治工作进行认真对比的话,就会发现,后者也是文化,只是与前者形式不同而已。

思想政治教育讲求实效原则、正面引导原则、平等信任原则和实事求是原则,是一种讲求科学性的教育。在实施方法上,思想政治教育主要运用理论教育法,通过理论宣传教育、理论讲授和学习来达到教育目的;运用社会调查、劳动教育、实践教育等方法对受众进行教育;运用批评与自我批评的方法,让受教者和施教者都能从中受益,对自我和他人都能有更充分的认识。在决策上,思想政治教育讲求原则,讲求对决策分类的准确把握,通过对主要矛盾的分析,在严格遵守决策科学程序的基础上进行决策。在信息的获得上,思想政治教育通常运用信息分析、社会调查、观察体验等基本方法。

思想教育的方式主要包括个别教育、典型教育、对比教育、疏导教育等。个别教育是指针对各个受教育对象的不同心理特点和思想水平,采取家访、谈话等差别化的教育方式,帮助其提高思想觉悟。典型教育也被称为示范教育,可分为正面典型教育和反面典型教育两种,但都是以典型事件或典型人物为示范,帮助受教育对象提高思想认识。对比教育,是指利用类比、回忆对比、比较鉴别等方式在对两种不同的事物或现象的特点、属性进行分析的基础上,得出正确的结论,来帮助受教育对象提高思想认识。疏导教育是指运用开导、引导、分导等方式对受教育对象进行思想疏通,帮助其解开思想包袱,充分表达其内心想法。这是思想政治教育重视集思广益、广开言路的一种体现。

在开展思想政治教育时,还应当高度重视引导受教育者进行自我教育,通过自我改造、自我反思、自我反省的方式来提高自己的思想水平。另外,还要引导受教育者进行自我管理,让他们学会自制和自律。如果能将这些方法与"感染教育法"配合使用,利用群体感染、艺术感染、形象感染的力量来提高受教育者的思想水平,效果会更好。

企业思想政治教育的成败在很大程度上取决于它与生产经营工作结合的紧密程度,如果能在生产经营的过程中很好地贯彻思想政治教育,就会收到珠联璧合、相得益彰的效果。思想政治教育中的奖惩教育、管理育人、养成教育等内容在很大程度上可以促进生产经营的发展。大庆油田"抓思想从生产出发,抓生产从思想入手"便是一个很好的例证。

这"两抓"是大庆油田在创业时期形成的优良传统,直到今天仍然是大庆油田做好思想政治工作的一条基本经验,是正确处理经济工作与思想政治工作关系的基本原则。抓思想从生产出发是指必须围绕经济建设这个中心来进行思想政治工作,思想政治工作任务是由经济工作的实际情况决定的。为保证经济效益的提高和生产建设任务的完成,在生产建设的全过程中对思想政治工作始终不能放松。抓生产从思想入手,就是坚持思想政治工作放在首位,要发展生产首先要提高人的思想政治水平,要通过加强思想政治工作来解决生产过程中遇到的各种思想问题。

注重预防教育是思想政治教育的一大特点。预防教育就是通过暗示、启示、明示等方法防患于未然。运用心理学的方法和知识,以心理咨询的方式,对受教育者进行心理疏导。

在思想政治教育中要注意选择用最合适的方法来帮助受教育者转化思想。此外,还需要运用各种灵活的方法去缓解矛盾冲突,对矛盾冲突的类型、条件、原因进行深刻分析,避免矛盾激化、冲突升级,让受教育者回到正常的处理问题的轨道上来。

在实际工作中,孤立地使用思想政治教育的方法往往收效不大。思想政治教育的方法应与社会教育、本组织教育、家庭教育等其他教育方法综合使用,思想政治教育与其他方面工作互为依托,相互渗透,只有从多侧面、多角度,多管齐下,形成合力,才能真正达到教育的目的。

思想政治教育社会职能可分为具体性社会职能和根本性社会职能两大类。具体性社会职能也就是思想政治教育的一般任务。这一任务又可分为灌输、转变、调节、激励、落实等几个阶段。思想政治教育的根本性社会职能，是指它在人格塑造、社会生产斗争和社会政治斗争这三种人类的根本性社会实践中所担负的重大任务。从哲学的意义上来讲，如果将思想政治教育与人的发展和社会发展这两项人类的根本任务联系起来考察，思想政治教育的根本性社会职能，就是它在人的发展和社会发展中所担负的重大任务。如果用一句话来表述，思想政治教育的根本性社会职能就是通过思想政治教育，为塑造人格服务，为生产斗争服务，为政治斗争服务。思想政治教育的价值与它的社会职能密不可分。思想政治教育的社会价值是它在行使自己的社会职能时产生的社会意义和社会作用。这种价值具体来说是物质文明建设和精神文明建设的根本保证，是社会治理的重要手段，是塑造人格的主导力量。

思想政治教育的地位可以分为社会功能性地位和社会结构性地位两个方面。社会功能性地位是在某一社会群体活动中或在社会生活中思想政治教育的基本作用和功能。社会结构性地位是指在社会机体结构中思想政治教育所具有的地位和所占据的位置。思想政治教育发挥作用的社会组织基础和存在的立足点就是思想政治教育的社会结构性地位。

重视思想政治教育是全球企业发展的大趋势，中国企业也必须要把思想政治教育的地位提高到战略高度上来。由于片面追求生产力的发展而忽视民众的思想教育，很多西方国家都曾出现过严重的家庭崩溃、公民道德败坏等社会问题，不过，目前世界各国都已开始采用不同的途径和方式来加强民众的思想政治教育。很多外国的企业将员工的思想教育作为企业管理的重要内容，他们十分关注员工的思想表现和思想动态，因为，他们已经意识到这是与企业的生存发展息息相关的大事。我国企业必须借鉴其成功的经验，汲取其失败的教训，加强对企业所有成员,特别年轻的管理人员和基层员工的思想政治教育,投入足够的资源研究和探索思想政治教育的方式、方法。

下面我们再来看一看,企业思想政治教育与企业文化究竟有何异同。

两者的共同之处在于,它们的目标一致、对象相同、内容相似。

它们都可以对企业精神起到强化作用,都可以促使员工形成共同价值观,将员工的思想意识统一到企业价值观的方向上来,以此价值观来指导自己的行动,在帮助企业达成目标的同时,体现自己的个人价值;它们都能增强企业的向心力和凝聚力,激励员工以无私奉献的精神和旺盛的工作热情为企业的生存和发展而努力奋斗,让企业上下团结一心,同舟共济,经受市场风浪的考验;它们都能最大限度地调动全体员工的积极性、创造性,提高生产力,让企业取得更高经济效益;它们都对人的因素高度重视,把人看作是企业主体,提倡尊重人、理解人、关心人;它们都能够协调人与人的关系,培养员工的集体主义精神,让他们将个人的利益与企业经济效益和社会责任相统一,正确处理国家、集体、个人三者的关系;它们都可以帮助企业规范经营行为,建立和维护企业道德及各项行为准则,让企业走上遵纪守法、诚信经营的轨道,帮助企业树立起良好的公众形象。

两者的不同之处在于,它们的性质不同,任务不同,目的不同。

企业文化属于经济文化的范畴,是企业管理的一部分。企业文化虽然与政治文化有交集,但没有浓重的政治色彩,而思想政治教育的政治色彩较重,具有鲜明的政治倾向性和阶级性,是帮助人们解决人生观、世界观、政治立场等问题的。

虽然企业文化和思想政治教育都是为了调动人的积极性,形成企业的向心力和凝聚力,但企业文化是以企业本身的发展目标为中心,来达成这一目的的。它主要是运用文化手段,来形成企业的群体意识,这种群体意识又是以企业的价值观为核心的。企业文化正是在这个意义上影响人的思想,约束人的行为,是企业生存和发展的精神支柱,它可以增强企业的凝聚力和社会责任感,最终影响到社会文化的变革。思想政治教育一方面可以调动员工的政治积极性,将他们的思想统一到党的路线、方针和政策上来。另一方面可以调动员工的经济积极性,深入挖掘他们的潜力,以实现企业的发展目标,思想政治教育所形成凝聚力不但可以影响一个企业,而且还可以影响全党全国。

企业文化的终极目的是让企业得到更多的经济利益,实现企业的持续、健康发展。思想政治教育除了要帮助企业达到经济目的外,还要达到超越企业之外的政治目的,让全党全国在思想上达到高度统一,形成安定团结的政治局面,以保证国民经济和各项社会事业的健康发展。

总之,企业思想政治教育与企业文化有诸多交集,两者相互影响,相互渗透,但却各有侧重。企业思想政治教育重在人的思想道德的建设,这也是建设企业文化的一个基础。而企业文化在这一基础上,更加侧重于人的理想、智慧、素质、思想。只有两者共同发挥作用,企业才能更加健康、高效地发展。

4. 企业文化与企业人格

企业在消费者或合作伙伴中影响力的大小,除了决定于利益这一主要因素外,通常还决定于它所拥有的某种无形的氛围。有的时候,消费者和合作伙伴虽然看重利益得失,但更在乎与企业交往过程中所享受到的愉悦度。这便涉及了企业人格的优劣问题。企业与其他个人组织的交往,跟人与人之间的交往,有很多相似之处。与具有高尚人格的人交往,是一种愉快的体验,而优秀的企业人格也可以提升客户对企业的信任感和美誉度。在人格的形成过程中,文化的作用至关重要。而企业人格在很大程度上也是由企业文化决定的。企业文化中的愿景、使命等等,从本质上来讲,都是企业价值观念的载体,而企业人格正是企业价值观的行为表现。

和人一样,企业也是有生命的。一个企业在它的生命初期可能会打上其创始人的印迹,可一旦成长到一定阶段,它就拥有了自身的生命形态,在某种程度上已经脱离了创始人的意志,拥有了独立的性格特征。从这个角度来看,中国的企业最缺失的不是技术、资金和人才这些物质层面的东西,而是富有个性、高尚的、健全的企业人格。

从本质上讲,企业是人的集合,而人是有人格的,那么,企业的人格也就是由集合人的人格整合而成的。

心理学上将自然人的人格定义为:那些对个体的人际行为有影响的持久特点。一般是指一个人的能力、道德、气质、性格等特征的总和。因为,能够吸引人的力量通常被称为魅力,因此,能够吸引人的个性特征被称为人格魅力。

企业的人格是企业集合人的人格在企业生产经营过程中的释放和延伸,它包括企业集合人的风度、知识、道德、人品等因素。从某种意义上讲,能形成独具特色企业文化的关键因素是企业的人格魅力。

和某些人相似,企业也有两重人格。一是文化人格,一是法律人格。法律人格是由法人制度赋予的,它可以让企业成为权利义务主体,成为能够独立承担民商事务责任的主体。文化人格是企业成员的能力、道德、气质、性格在企业生产经营活动中的反映和表现。企业的法律人格在企业完成工商登记时就由法律赋予了,所以可以说是先天的。企业的文化人格则是企业成员在企业生产经营过程中经过精心的培育、长期的塑造才形成的,是后天的。下面我们重点来讨论企业的文化人格。

不同的人有着不同的人格,不同的企业,人格也不尽相同。企业人格是企业存在的基础。据权威管理学家分析,中国企业的人格大致可分为欺诈型、感情型和正统型三种。

具有欺诈型人格的企业在创始初期常常会以一种神秘的面目出现,利用各种炒作手段来骗取消费者的认同,勉强维持自身的运转。企业的所有重要信息都掌握在最高管理者一人手中,其他管理人员和广大员工毫不知情。一旦这个最高管理者的底细被揭穿,企业也就树倒猢狲散。

感情型企业大多是亲朋好友合伙经营的企业或家族企业。这类企业主要靠感情程度和人情关系来制约,有很重的江湖习气,在利益分配问题上往往会感情用事。随着企业的不断发展,当规模达到一定程度时,就会日渐艰难,一旦管理者之间发生感情危机,整个企业就会陷入困境。

正统型企业严格遵循道德和法律行事,严格按照相关程序进行决策,努力做到标准化和科学化,有着明晰、合理的利益分配关系,员工有着很强的责任感,企业保持着健康、持续的发展。

企业人格是由很多复杂因素共同决定的。这些因素可分为外部和内部两大类。企业交往关系、人际交往关系、政策法规及社会环境等可以对企业人格施加影响的因素就是外部因素。内部因素包括最高决策者的能力、气质和性格,以及以此为中心所形成的员工层人格、管理层人格和决策层人格等。

企业人格对企业的生存发展至关重要,因此,塑造富有个性的、高尚的、健全的企业人格对于企业来说是生死攸关的大事。那么如何才能塑造出这样的企业人格呢?关键是要把握好人格的企业化和企业的人格化这两个问题。

在企业的人格体系中,最高决策者的人格是其核心,具有至关重要的作用,是构成企业人格的主导因素。企业最高决策者只有充分发挥其人格示范作用,才能真正实现企业的人格化,并将其很好地发展下去。企业最高决策者无须苦口婆心地要请求下属如何去做,有时他自己一个不经意的举动,就会给下属心灵带来很大的震动,甚至能成为下属们自觉行为的准则和动力。

比尔·盖茨风度洒脱随意,喜欢穿休闲服饰。微软公司的员工也都竞相效仿,蔚然成风,西装革履被视为"异类"。盖茨洒脱的风度甚至影响到员工的语言习惯,他们的很多工作用语都带上了幽默、轻松、调侃的风格。例如,他们把交付新产品时的倒计时称为"急行军",把开发软件过程中枯燥乏味的软件测试工作称为"吃狗食",巧妙地把自己的工作推给别人称为"工作柔道",等等。这也是企业人格的一种表现,是企业最高决策者人格的一种扩散和延伸。

日本松下电器的老板松下幸之助也有着巨大的人格魅力。20 世纪 20 年代末,由于经济不景气,日本的很多公司都纷纷裁员,松下电器也同样困难重重、举步维艰,可松下幸之助既不减薪,也不裁员,而是选择了减产。这是一种富有智慧的策略,也显示了一种对员工高度负责的态度。这种态度对处于水深火热之中的员工们具有很强的感染力。他们自发组成一支促销大军,很快将库存销售一空,让企业重新实现了全员生产。松下幸之助以自己的人格魅力赢得了广大员工的心,也挽救了他的企业,松下电器也正是在此基础上发展成为具有国际影响力的大公司。这便是企业最高决策者的人格影响企业人格,进而影响企业生存发展的典型案例。但企业决策者的人格是无法用管理学和经济学的方法进行分析和研究的。

决策者的人格是企业最为重要的无形资产之一。同样,作为其他层次管理人员,也必须时刻注意自己的言行可能对下属产生的影响。一个言行不一的企业领导者,绝不可能带出一个言行一致的员工队伍；一个只会亦步亦趋、盲目跟风的领导者，也不可能带出一个富有创新精神、能引领行业风潮的优秀团队；一个在困难面前畏首畏尾、束手无策的领导者，更不可能带出一支处变不惊、临危不乱的坚强团队。

企业的每一个成员都是从"自然人"转变为"社会人"，进而又转化到"职业人"的。人的天性很难以"好"和"坏"这样简单的标准来划分。但是，当把"人"置于"企业"这个环境中时，他的天性就应该受到某种程度的制约。所以在企业的人格化的同时，必须要做到人格的企业化。

管理中不能忽视人的本性，但不应该将个人的特性作为立足点。因为，个人的价值若在企业的发展过程中体现出来，离不开企业这个舞台，员工即使是最出色的演员，也会因为失去了用武之地而没有表现的机会。因此，从微观的角度来看，在培养和使用企业成员时，应当让他们的个性有所发挥，但必须是有选择的发挥。也就是说，必须首先做到将他们的人格企业化。企业是一个集体，企业的人格应当是员工人格共性的综合体现。企业人格并不等同于某个企业成员的人格。企业人格首先表现为企业所有成员的人格共性，其次才是以此为基础上的个人人格。在人格的企业化过程中，个性与共性的冲突是在所难免的，这是一种必然现象。人格的企业化与企业的人格化并不矛盾，而是一个问题的两个方面。企业人格正是在它们的相互作用之下形成的。因此，在处理个性与共性、个人与集体的冲突时，应当具有辩证思维。

企业的价值观只有从有意倡导的行为发展成为无意识或下意识的行为，才能形成稳定的行为准则，才算是真正的文化。例如，一个企业的服务人员如果经过思考和选择才对顾客使用礼貌用语，那就意味这个企业的服务文化建设还不算成功。只有当服务人员不假思索、自然而然地使用礼貌用语时，这个企业的服务文化建设才算是真正收到了成效。员工在企业的生产或服务行为并非与生俱来的本能行为,必须通过反复的锻炼、思考、模仿、学习才能形成,是一种后天行为。而通过企业文化建设就可以达成这一目标。员工的行为如此,人格也是如此。加强企业文化建设也是推动员工人格企业化的一条重要途径。

企业文化建设离不开制度保障,企业人格的完善也必须依靠规章制度。企业在制定制度时,需要将那些能够形成企业优秀人格的因素进行整合。有些管理者通常是从现实需求出发来制订制度的,追求的是立竿见影的效果,而常常忽视那些无形效果。例如,一家企业通过推行一些苛刻的管理制度,在短期内收到了很大的成效,管理者因此沾沾自喜,而不会去考虑其真正的后果。但实际情况是,员工们很可能会因为无法忍受这些制度,而大量辞职,这反而会影响企业的长远发展。反之,如果企业的管理制度过于宽松,员工们则会形成自由散漫的习气,这同样不利于企业的长远发展。此外,制度与制度之间冲突,会互相削弱彼此的效力。如果一项制度无法培养员工的无意识或下意识行为,那么这个制度就不能算是成功的。如果制度总是频繁变化,也同样无法收到理想的效果。这些都会严重影响企业人格的塑造。

在一些企业,某些制度形同虚设,因为它们与组织文化是相冲突的,这不利于企业人格的塑造。员工表面遵守某一制度,实际接受的却另一套规则。这种现象十分普遍。在明文规定的背后,一些隐性规则却在真正发挥着效力。这些隐性规则实际上成了企业人格的真实反应。这种现象说明,企业规章制度与企业人格的冲突。这种冲突从本质上来讲就是文化冲突。一旦出现了这种冲突,就无法形成良好的文化氛围,甚至会形成表里不一的企业人格。

企业人格与企业制度不是彼此孤立的两个概念,而是相互渗透、相互影响、相互作用的。企业人格的完善固然离不开规章制度的保障,而企业要想研究好、制定好、落实好各项规章制度,就要依靠富有个性、高尚、健全的企业人格作支撑。而企业人格的形成是一个长期而复杂的过程,因此,一定要将企业人格的塑造和完善摆在企业文化建设的突出位置。

企业的人格魅力越强大、越独特,企业的边际效益也就会越大。企业的品牌塑造和信誉建立,都与企业人格密不可分。高尚而完美的企业人格可以帮助企业得到社会公众的认同,可以帮助企业调节公共关系。因此,企业人格是衡量企业生命力的重要指标。

5. 企业文化与企业道德

企业道德是一个宽泛的概念。它包含了企业的社会公德、员工的职业道德和家庭美德等方方面面的内容。企业道德是企业文化的重要组成部分。

企业道德在企业文化中的体现,可称之为企业道德文化。企业道德文化是企业在长期的生产经营活动中形成的,是以一定的习惯、风尚、传统等方式沉积下来的。它以潜移默化的方式熏陶、感染着企业一代又一代的员工,在企业的生存和发展过程中起着举足轻重的作用。企业道德文化的内在动力是企业道德情感,它的最高目标就是实现企业的道德理想。要实现这一理想,就必须以企业道德行为为实践方式,以企业道德规范为行为准则。通过企业的道德信念、习惯、传统、教育、修养和舆论来调节企业内部以及企业与外部各类社会组织和社会公众的关系。

如何正确处理企业的物质文明与精神文明、责任目标与效益目标的关系,是企业道德文化建设的核心内容。企业道德文化建设的目标就是要保证"两个文明"的协调发展。道德文化建设不能脱离生产经营活动这个中心,要在生产经营活动中提高员工技能水平的同时,提高他们的思想道德素质。

企业道德文化建设就是要建立起能够被全体员工所接受和认同的协调的、系统的、统一的道德文化体系,让企业的共同价值观扎根于员工的心中。使员工在行为规范、价值取向和思想感情上都保持高度一致,以产生强大的震撼效应和凝聚效应。

作为企业文化的一个重要组成部分,企业道德文化也同样具有辐射作用、融合作用、凝聚作用、约束作用和导向作用。辐射作用是指企业道德不但对会对本企业产生影响,而且还会影响全社会。融合作用是指企业道德可以对员工起到潜移默化的影响,让他们与企业的整体价值观自然而然地融合在一起。凝聚作用是指用共同的信念和共同的价值观使企业上下同心同德、同舟共济。约束作用是指用约定俗成的或成文的厂风、厂规来引导和规范每个员工的思想和行为。导向作用是指企业道德可以把员工向确定的价值目标上引导。

企业道德文化建设主要包括以下四个方面内容:第一,质量第一,用户至上。第二,以人为本,诚实守信。第三,团队协作,整体提高。第四,勇于创新,争创一流。企业生存发展的根本是质量,只有提高产品质量与服务质量才能赢得市场。这就意味着,企业的一切行为都要以有利于他人、有利于社会这一道德准则为出发点。要想生产出高品质的产品和提供高品质的服务,需要全体员工的共同努力,需要在管理实践中贯彻以人为本的思想,要用"尊重人"这一道德为基础来处理各种内部关系,包括上下级之间的关系、团队成员之间的关系、各个部门之间的关系,等等。唯有如此,才能增强企业的凝聚力和向心力,才能充分调动全体员工在日常生产和服务中以及参与创新活动时的积极性,以保证市场和社会的质量要求,树立起企业良好的诚信形象。

当前,市场竞争已不仅仅是经济效益的竞争,已扩大成为经济效益、社会效益和环境效益等方方面面的综合竞争。因此,企业在文明程度、伦理道德、精神文化等方面也只有走在同行前列,才能保持竞争优势。在这种背景之下,企业必须要进行新的形象定位,努力承担起所应承担的政治和道义责任。要遵纪守法,照章纳税;企业的产品和服务要保证质优价公,要为员工提供合理的劳动报酬和良好的工作环境以及公平的发展机会;要保障投资者的投资安全,要让他们获得更多的利润;要为社会提供更多的就业机会;要努力支持社会福利事业;要积极投身节能环保事业,等等。总之,要想让社会主义市场经济得到规范化发展,企业的道德文化建设就一刻也不能放松。同时,企业越讲求道德,它的发展空间就越大。因为,只有讲道德,才能树立起良好的社会形象,才会得到市场及社会公众的信任与赞誉。

企业道德文化建设可以影响和约束员工行为,提高他们的道德自律意识,并用这种意识来指导其行动。企业道德文化建设应该着重于建立起一种职业道德规范,特别是要注重操作过程本身的合法性和规范性,使企业的职业道德与国家法律和社会公众利益协调一致。要将道德标准进行细化,并在行为中体现出来。例如,要让员工养成文明的行为习惯和语言习惯,等等。要通过各种形式的宣传教育培训,让企业道德更具劝导力和说服力。在道德文化建设中,要尽量让一些文字化的抽象要求变为可视的、具体的言行规范,这样才能起到更有力的导向示范作用。

在企业的道德文化建设中,领导者个人的作用不容忽视。企业领导者要以人本思想为指针,努力要塑造和维护企业的共同价值观。首先是自己要成为这种价值观的"代言人"。要通过自己的行动向其他员工阐释这种价值观。要扮演一个"教师"和"布道者"的角色,向员工描述企业的愿景、灌输企业的核心价值观,关注他们的成长,为他们提供公平的发展机会,以此来激发员工的潜能,提高企业凝聚力。领导者必须要抱有坚定的信念,要将企业的价值观体现在每一项工作中。要注重与下属的感情沟通,用友好、真诚、平等的态度来赢得他们的信任。要在管理中充满人性的光芒,让员工在无拘无束的环境中自由地表达思想。

企业道德文化建设的一项重要内容是要建立起一套合理的道德制度。合理的道德制度可以将道德生活中的部分道德活动方式和人伦关系正规化、文明化。要将道德文化建设与企业内部管理进行有机结合。企业道德需要进行不断地强化,因为,人的行为都是经过强化才得以稳定的。因此,企业只有建立起一套合理的约束机制和激励机制,才能让企业道德持久地发生效力。要充分考虑员工需求,将物质激励与精神激励相结合。当企业道德在员工行为中得到充分体现并长久稳定下来之后,企业的道德文化建设才算收到真正的成效。

企业道德文化建设不能脱离企业的发展轨道,同时也要与社会经济和文化的发展相结合。企业道德文化建设要与企业制度建设步伐一致。企业的组织机制、激励机制、约束机制是道德文化建设的基础。因此,企业要建立起一个负责道德文化建设的日常管理机构,制定出相应的计划,定期或不定期地组织检查和考核,并进行总结。道德文化建设要与其他管理工作同开展,而不能互相脱节。道德文化建设要贯穿于企业的调研、决策、实施、检查、考核和总结等各个阶段。

企业道德文化体系建设是企业长期的历史性任务,是一项系统工程,只有进行不懈努力,调动各方面积极性,充分利用一切条件,不断探索新的方式方法,才能够真正收到成效。

从法学角度看,企业之间信用缺失、互相欺诈及制假造假等行为的发生,是法制观念淡薄的结果,但追根溯源,却是由于道德观念蜕化、道德标准模糊造成的。因此,用道德文化建设来引导企业走上健康发展之路就成为迫在眉睫的大事。

　　加强道德文化建设是解决企业道德缺失、根除假冒伪劣商品的一条有效途径。一些企业之所以敢以身试法,生产假冒伪劣产品,主要是出于利益的诱惑。另外,地方保护主义、法制不健全等因素也是导致假冒伪劣商品屡禁不止的重要原因。因此,增强地方政府的全局观念、加强法制建设、加大执法力度都是解决问题的必要手段。但同时我们也要注意到,法律的约束力与道德文化的影响力是相辅相成的。当法律无法解决所有问题时,道德的力量便显现出来。企业要通过道德文化建设培养员工遵纪守法观念,帮助他们树立起正确的行为指向,要明确判断是非的标准。只有这样才能从根本上解决缺乏诚信,以及假冒伪劣商品大肆泛滥的问题。

　　通过企业道德文化建设可以解决企业经济行为和社会行为之间矛盾和冲突。在当前市场经济体制下,企业应该具有双重的品格。作为一个相对独立的利益主体和经济实体,企业的品格应当以经济效益来衡量。但企业同时又是社会的一个细胞,因此,它的行为应具有社会性,衡量企业品格的另一个标准就是社会效益。在企业的经济行为和社会行为之间,往往会存在大量的矛盾,有时甚至表现为一种激烈的冲突。当需要在两者之前进行取舍时,很多企业会选择经济利益,一味追求利润的最大化,甚至将其作为企业的唯一目标,而根本不会考虑企业应尽的社会责任和义务。由此便诱发出种种不道德的、甚至违法的行为。而通过企业道德文化建设就可以很好地解决两者之间的关系,让企业在收获经济效益的同时,收获社会效益。

　　通过企业道德文化建设可以让企业的每个成员都能继承和弘扬中华民族的优秀传统文化,而这些传统文化又可以让企业如虎添翼。中国传统文化中蕴涵着诸如诚实守信、注重承诺、"君子爱财,取之有道"等优良因子,可以抵制拜金主义等不良思想的侵蚀,让企业在自身发展的同时,兼顾方方面面的利益,树立企业的良好形象,增强企业的竞争力,从而走上健康发展的轨道。

很多企业在文化建设中,忽视了道德文化建设,从而导致自身的文化体系与社会道德的脱节。每个企业都自己的经营理念,而企业道德也应当成为这种理念的重要组成部分。企业道德主要用来解决企业经营理念中"是"与"非"的问题。只有加强道德文化建设,让所有员工都能明辨是非,从而共同恪守大家所共同认可的规范化法则,企业的发展之路才能越走越宽阔,越走越坦荡。

加强企业道德文化建设,可以帮助企业处理好管理者与被管理者之间的关系。人是企业的主体,也是企业成败的关键。管理者与被管理者之间的关系应该是建立在平等、尊重、信赖、协作的基础上。当企业成员之间的关系缺少这些基础时,企业人际关系就会显得紧张,就无法形成凝聚力。企业要实现良性发展,首先需要有一个好的领导团队。领导团队的每个成员都应当做到德才兼备,能够以德服人。只有这样,才能带领全体员工去追求最高的境界。作为一名员工,应当严格遵守企业的各项规章制度,自觉自愿地做好自己的本职工作,这是职业道德的底线。员工之间要增强团结友爱的精神和信任感,这样才能互相协作,形成合力。这也是员工最基本的职业道德之一。此外,还应当自觉地提高文化素质和技术水平,只有如此,才能创造出更优质的产品和提供更优质的服务。这也是员工最重要的职业道德之一。企业要制定出一套操作性强的道德行为规范,确定道德评议的标准,只有这样才能真正将职工偏见扭转过来,提高他们认识能力和精神境界。

企业道德文化建设可以帮助企业处理好自身和消费者的关系。企业要通过道德文化建设,帮助全体员工建立起消费者就是上帝的理念,在每一项工作中都努力做到让消费者满意。不生产假冒伪劣产品和可能危及人们健康的产品,是一个企业应当遵守的最起码的道德。

企业不但要保证产品和服务，而且要制定出合理的价格，不能以变相手法蒙蔽消费者，在广告宣传中不能夸大其词，对产品和服务要有客观的描述。

　　企业的道德文化建设可以帮助企业处理好与环境的关系。企业应树立起可持续发展的生态道德观，要考虑到企业生产经营对环境卫生的影响，要努力减轻生态环境的负荷。如果一个企业只顾自己的经济利益，肆意破坏自然环境，也就间接造成对社会公众利益的损害，因此，这也是一种失德行为。保护人类赖以生存的自然环境是企业的责任和义务。要想减少污染物的排放，企业就应该根据生产规律采用最先进的环保工艺和设备。要想增强自然环境的自身净化能力，企业就应该根据生态学规律安排好厂区的植物群落。企业的生产经营活动不但会影响自然生态系统，而且会影响社会生态系统。企业选择厂址时，要充分考虑到该地的信息和交通状况，企业的每一项发展计划，都要努力促进社会生态的良性循环。与环境共优化、同发展是一个企业所应当具备的生态道德。

　　企业道德文化建设可以帮助企业处理好与国家和社会的关系。追求物质利益和经济效益是市场经济的内在要求。如何引导企业互惠互利、公平竞争和依法经营是构建企业目标的一个重要因素。企业道德文化建设可以帮助企业坚持物质文明建设和精神文明建设的统一，以及社会主义道德和市场经济的统一，树立正确的社会主义利益观，把社会主义道德和物质利益原则相结合，正确处理各方关系。在处理与国家的关系上，企业应依法经营并服从国家的宏观调控。在处理与社会的关系方面，企业要勇于承担社会责任，将自己对利益的追求限定在道德标准允许范围之内。在处理与其他同行企业的关系时，既要考虑相互之间的竞争关系，也要考虑到可能存在的协作关系，要以诚为本，以和为贵，不能采取不正当方式打压对手，在条件允许的情况下,还要尽可能将竞争的对手转化为合作的伙伴。

综上所述,对于一个企业而言,道德文化是与资本、人才、技术同等重要的资源。加强企业道德文化建设是现代企业发展的必然选择。

据《每日经济新闻》报道,在改革开放后 30 多年间,有大量的中国优秀企业曾经被用作 MBA 案例。遗憾的是,到目前为止,这些企业中的 80% 都已经倒下了。据权威人士研究发现,这些不幸倒下的企业都普遍采取了"欺骗"、"炒作"、"山寨"等不正当竞争手段。也就是说,它们普遍存在着企业道德败坏的问题。MBA 在选择案例时,往往只重视管理思路和管理技巧的创新,而很少注重企业的道德。这也可以说是 MBA 课程的严重缺陷。

据权威资料显示,除了央企和其他类型的国企外,不但是 MBA 案例中企业情况不容乐观,其他企业也是如此。其中一个关键的原因就是它们存在着"负竞争力"的问题。由于社会诚信状况的问题,一些企业的经营心态也日渐浮躁,投机心理膨胀,不能把精力集中于服务消费者方面,而是只要能赚钱便无所不为,于是便出现了劣质奶、瘦肉精、苏丹红等耸人听闻、影响恶劣的事件。有些企业借上市之机制造虚假业绩,套现之后溜之大吉,让投资者和消费者有苦难言。一个企业的道德败坏至此,其生存概率也就微乎其微了。

MBA 案例中那些失败的中国企业,很多都是在一时成功之后,便将企业道德弃之如敝屣,丧失诚信,一味投机取巧。因此,某中国知名的企业家说,"不行贿原则"就是他的企业核心竞争力,这是将企业道德作为核心竞争力的典型案例,很值得其他企业去认真思索。

第七章

企业文化与社会责任

1. 企业文化与公众形象

企业进行文化建设的根本目的,一方面是为了提升内部实力,获取经济效益;另一方面是为了塑造外部形象,得到公众认同。企业的公众形象不但会影响其自身发展,而且也是社会责任感的一种体现。公众形象与经济效益之间的关系是相辅相成的,如果没有良好的公众形象,即使能获得一些短期利益,也无法保证企业在以后的竞争中不会败下阵来。很多企业(包括一些知名企业)都没能充分认识和妥善协调这两方面的关系,结果声誉受损,得不偿失。

全球零售业巨头沃尔玛多年一直在进行疯狂扩张。现在,它的销售收入已近3500亿美元。据某些媒体预测,在未来15年内,其销售额很可能会与日本的国民生产总值持平。除了要保持在零售业的霸主地位外,沃尔玛还会将业务向金融等行业拓展,将用于零售业的经营策略引入其他领域。不过,与此同时,沃尔玛却疏于维护自己的公众形象,频频爆出一些诸如被员工告上法庭、高层管理人员接受贿赂等负面新闻,让这个举世闻名的庞然大物不断处于尴尬境地。

沃尔玛在制度文化方面的一大特点就是高压。这在防损部的工作内容方面表现得特别突出，说它是一个反间谍部门一点都不过分。据说，在沃尔玛（中国）公司的办公室会装有监控设备，防损部的一项重要任务就是像警察一样经常进行调查跟踪。这种制度虽然可以最大限度地维护企业的整体利益，减少工作失误，赢得顾客的口碑，但也是一种对员工不尊重和不信任的表现，在某种程度上侵犯了他们的隐私。美国联邦法院每年都要受理很多员工因劳动用工制度不合理和存在性别歧视等原因起诉沃尔玛的案件。从 2005 年至今，沃尔玛因此类败诉向员工支付的赔偿金已高达数亿美元。

采购过程中的腐败是零售业的顽疾。一名被沃尔玛开除的营销主管在法庭上作证，曾有供应商向前首席执行官李·斯科特提供商业贿赂，李·斯科特接受了这些贿赂，这严重违反了公司职业操守，其他高级管理人员也存在各种各样的问题。这场官司不但让沃尔玛名声扫地，而且在美国零售业引发了巨大的震动。

随着沃尔玛公众形象的与日俱下，人们对其抵触情绪日渐加深，来自各方面的批评之声此起彼伏，甚至连华尔街都称其为"无责任感的公司"。很多美国人都已意识到不应该购买沃尔玛的商品，因为这些商品的低价位，都是用工人的血汗换来的。

沃尔玛的教训不但给中国零售业敲响了警钟，而且也值得所有企业去吸取。如果不能正确处理好企业与消费者、企业与员工、企业与合作伙伴、企业与同行业企业、企业与新闻媒体等各种关系，企业的公众形象就会有所损失，它在文化建设方面的努力就是失败的，就是一个缺乏社会责任感的企业。

下面我们就以零售行业中的一类特殊企业——直销企业为例，来探讨如何通过文化建设来提升企业的公众形象。

一直以来，直销企业在公众心目中的形象都不理想，主要表现在诚信缺失、产品品质低劣、从业人员素质不高等方面。综合来看，这些不良形象都是由于直销企业只关注利润而忽视文化建设所造成的。

直销企业比其他任何类型的企业都更为直接地贴近消费者。因此，不论是营销主管人员、直销网点的办事人员，还是直销营业代表都应当自觉地维护企业的公众形象。要做到这一点，一方面需要企业有经得起消费者检验的优质产品，另一方面需要有强大的企业文化做支撑。

直销企业要在经营宗旨、远景规划、经营目标、具体措施等方面进行统筹安排，而不应该将眼光紧紧盯在销售这一环节上。企业文化涉及企业的方方面面，对于直销企业而言，文化建设的重点之一在于让员工拥有良好精神面貌。要让他们积极参与企业的生产经营，同时还要让他们感受到这种参与的重要性，以及这一过程对他们自身成长的帮助。

直销企业应该让消费者感受到产品背后的独特性，这是直销企业文化的重要体现。因此，在文化建设中，要加大对企业形象和品牌的树立与维护，使消费者感受到与众不同，感受到这家企业、这款产品带给自己的价值。直销企业的价值观必须与消费者的感受紧密相连，这样它的企业文化才能超越自身企业这个范围，获得更广泛的认同，企业的公众形象才能有所改善。

直销企业文化建设另一个重点，是要在企业内部建立起共同的价值观。从组织形态上分析，直销企业属于以营利为目的非正规组织。所以，树立共同的价值观非常重要。直销人员需要直接面对消费者，向他们介绍产品的性能和优势，在这个过程中，很多人会出于利益考虑，多少做一些添油加醋的夸张描述，直销企业的信誉往往都是因此而受损。

直销企业应当通过文化建设，让直销人员明白，不能只是把推销产品作为终极目的。因为，这会导致他们价值观的错位。这不仅仅是一个道德问题，任其发展，还可能会触及法律。企业要通过文化建设，让直销人员充分认识到遵章守法、诚信经营的重要性。要让他们深刻认识到，这不只是个人问题，而是对整个企业生死攸关的大事，一个不讲诚信的企业就是一个不道德的企业，其公众形象必然不佳，一个在公众眼中唯恐避之不及的企业又谈何发展壮大？

因此，直销企业的文化建设，要以树立正确的价值观为主，不能仅仅将工作重点放在制度层面。这是所有直销企业都应当充分重视的问题。直销企业在文化建设中一定要对从业人员的价值观进行修正或改造，要让他们明白哪些行为是与企业价值观相符的，是允许的；哪些行为是与企业价值观相悖的，是不允许的。只有所有员工形成统一的理念和价值观，形成共同的思想和行为，企业文化建设才能真正收到成效，企业才能真正树立起良好的公众形象。如何能让企业的价值观与全社会的价值观、员工的价值观与消费者价值观、员工的价值观与企业的发展观统一起来，这是直销企业所面临的重大课题。

以上虽然只是针对直销企业而言，但对其他类型的企业也有一定的启示作用。在提升公众形象方面，不同类型的企业应有不同的侧重，要根据自身的薄弱环节，有针对性地进行文化建设，做到有的放矢。

山西是一个能源大省，也是一个污染大省，煤炭和化工企业是重要污染源。这些企业在公众心目中的形象普遍不佳。但同样是身处山西的太原钢铁集团，却成功地做到了"出淤泥而不染"。

太钢非常重视自己的公众形象，也善于利用企业文化建设来提升公众形象。

他们高度重视物质文化建设，在努力提高经济效益的同时，加大环保力度，并利用各种渠道大力宣传企业在环保方面的努力和成果。

太钢每年都会由企业文化部牵头，组织编写和发布"上市公司太钢集团年度可持续发展报告"和"太钢集团年度社会责任报告"。前者在《财富》"中国本土公司社会责任50强"中曾排名第8位。后者在中国社科院"企业社会责任蓝皮书"发布的"中国国有企业社会责任100强"中,曾排名第16位,在地方国有企业中排第1位。他们会有计划地将这些报告发至新闻媒体、供应商、客户、行业内外企业、各种团体、党政机关及社会公众,让公众系统了解太钢在物质文化建设方面的成就。每年"世界环境日"来临前,他们会向社会发布一份通俗易懂的宣传太钢在节能环保方面的举措和成果的《太钢绿色发展手册》。这一手册曾得到国家环保部部长周生贤的高度赞扬,周部长题词道:"身居闹市、一尘不染"。这是对太钢的社会影响力和社会责任感的高度肯定。此外,他们在平时会通过图文并茂的《太钢宣传简本》和企业网站对企业文化进行大力宣传。每当有人来参观访问,太钢都会向客人赠送《太钢宣传简本》。他们借助用户座谈会、新产品推介会、各种展览会等,将太钢的产品与企业文化推向全社会,与太原电视台联合推出了《绿色钢城》、《不锈之魂》等专题片,让公众对太钢有了更为深入的了解。

2010年,太钢发布公告,将周六、周日定为"公众开放日"。在校的大中小学学生、政府机关工作人员和各类社会团体及普通社会公众都有机会应邀到太钢参观访问。为了能给客人留下良好印象,他们系统规划和实施了参观通道、主干道、体育文化中心、文化广场、展览厅等公共区域的建设和管理,为企业文化的传播提供载体。此外,他们还开展了"游太钢、谈观感"征文活动、"市民看太钢"摄影大赛及"百名市民看太钢"活动,并打出了"旅游牌"。在"晋善晋美"风光片中"太钢工业园"也是一景,在"太原市旅游一卡通"中"太钢工业游"被列为66个景区之一。

他们积极向山西本省的其他知名企业看齐,虚心学习汾酒集团、太重集团、同煤集团、山西焦煤集团等兄弟企业的成功之处,让企业文化建设在提升企业公众形象方面发挥应有的作用。

太钢以加强企业文化建设来提升公众形象的努力,给其他企业提供了一些值得借鉴的经验。

首先是观念到位,方法创新。很多企业在队伍建设、管理创新、节能环保、市场开发、科技进步、重点项目、发展规划等物质文化和精神文化建设方面都有不少值得宣传的资源,但如何进行收集和梳理,如何提炼主题,怎样有计划地面向公众传播,是一个值得认真思索的问题。

其次是强化目标导向意识。要改变任务型思维,不再抱着只是完成任务的心态进行文化建设,进行宣传工作,而是以公众需求为中心,努力提高他们对企业的兴趣,拓展他们了解企业的渠道。

三是将企业文化,特别是与企业产品相关的知识用通俗易懂的方式传播给公众。很多企业在装备、技术、工艺、产品等方面的专业性都很强,如何能让其转化为公众易于接受的科普知识,是企业对外宣传工作的一个难点。

四是拓展传播平台。要认真分析不同公众是通过何种渠道了解企业的,要从听觉、触觉、视觉等方面,构建起一个系统而完整的传播平台,要做好对社会反响的处置工作,要对公众进行积极和正面的引导。

五是要见贤思齐。要有学习意识,特别是向那些同地区、同行业的知名企业虚心学习。只有学习才能拓展视野,开阔思路。

对于一个企业来说,如何在激烈的市场竞争中既能保证经济效益,又能取得社会效益;既能保持自身发展,又能得到公众认同;如何赢得公众的信赖、尊重与理解;如何成为一个既有影响力,又有亲和力和感召力的企业,是企业文化建设的重要任务,也是一个企业的重要社会责任。

2. 企业文化与慈善活动

企业文化在慈善活动方面的体现,可称之为企业慈善文化。

为了表彰微软公司总裁比尔·盖茨在救助贫困、发展教育等方面所做的大量慈善工作,英国女王伊丽莎白二世曾授予他一枚英帝国二级骑士的徽章。中国富豪从事慈善事业的也不在少数。美国《福布斯》杂志每年都会专门列出一个"中国慈善榜",很多中国知名企业家都榜上有名。

但值得注意的是,这些捐赠大多数不是以富商名下的企业,而是以他们个人的名义出现的,这与很多外国公司有着显著区别。比尔·盖茨虽然有以他个人名字命名的基金会,常以基金会的名义做各种慈善活动,但微软公司每年也会有以公司名义进行的捐赠。很多中国企业却没有以企业名义进行的慈善计划。在很多外国企业,慈善已成为企业文化的重要组成部分。

可口可乐公司积极参与希望工程,他们要让山区那些没有喝过可口可乐的孩子觉得"可口可乐是学校",是可口可乐出钱帮他们建起了学校。宝洁公司也捐建了很多希望小学,他们希望孩子们能明白"宝洁是盖房子的"、"等我们长大了,宝洁也老了,我们就可以帮助他了。"这些外国的知名企业就是通过这样的慈善公益活动,在孩子们幼小的心灵里树立起了企业的美好形象,这种美好形象很可能会伴随他们的一生。这些都是通过企业慈善文化建设扩大企业影响力的成功实践。

尽管会因为投身慈善公益活动而消耗大量的人力、物力、财力,但很多跨国公司都乐此不疲。因为"做企业公民"已成为这些跨国公司企业文化的重要组成部分。他们认为,这是一个知名企业应该扮演的角色,是一种社会责任感的体现。

企业参与慈善活动的最直接目的是为了提高自己在公众中的认同度和美誉度。如何提高慈善捐赠的效果,是很多企业都在思考的一个问题。对于不同类型的企业有不同的解决方案,但有一点是相同的,那就是,企业的慈善捐赠需要有一个统一的主题,而这一主题最好能与企业的产品或服务有关。在一些化妆品企业的企业文化中,关爱妇女是一个重要的组成部分,如"远离乳癌健康一生"活动便是由雅芳(中国)开展的。关注儿童安全则是强生公司慈善公益活动的主要目标之一,因为他们是一家以生产婴幼儿产品为主的企业。杜邦等企业以生产化学用品为主,因此他们更注重对公益环保方面的投入。另外,企业进行慈善活动要有一个有目标、有系统的公关计划,对企业的社会公益项目等进行集中宣传。也就是说,企业应当在整体的文化建设中将慈善文化建设提高到一个应有的高度。

中外企业在慈善文化建设方面存在着一定的差异。不过从表面看来,这种差异又不明显,只有在进行深入分析后,才会发现,两者在运作机制、内在动力、整体理念等方面均有不同。

国内企业的慈善活动常常表现出一种短期性和突发性。慈善活动没能与企业发展形成一个有机的统一体,而仅仅取决于企业家的善念。这样的慈善活动缺乏稳固的基础,是企业慈善文化建设不成功的表现。

中国企业从事慈善活动的领域与外国企业大致相同,主要集中在环境保护、弱势群体、社区建设、基础教育、扶贫、赈灾等方面。但慈善活动的表现形式却有所不同,外国企业会以资金、产品、设备、技术等不同的方式进行捐赠,中国企业则以捐钱为主。捐钱虽然也是一种社会责任心的体现,但却无法让直接受众及其他民众了解企业在物质文化建设方面取得的成就。而以产品、设备、技术等方式进行的捐赠,则既能让受众获得实际利益,又能向全社会展示自己的企业实力和企业魅力。现在,越来越多的消费者希望企业能够积极投身于慈善公益事业帮助那些弱势群体。企业如果能够让他们目睹自己的服务或产品在"扶危济困"方面的出色表现和良好作用,就能大大提高这些消费者对本企业的忠诚度。因此,企业如何寻求与自己产品相关的慈善项目,并且进行长期的、有规划的慈善活动,已成为企业慈善文化建设的一项重要内容。

外国企业有着成熟的"企业公民"理念,他们把慈善活动与企业的商业利益和发展战略紧密相连,有一套制度化、规范化的运作机制。在此基础上,形成了个性鲜明的企业慈善文化。中国企业尽管也热衷于慈善活动,但他们的理念多为"造福桑梓、回报社会",没有很好地将慈善活动与企业的商业利益和发展战略联系起来,也缺乏成熟的运作机制,这也是企业慈善文化建设不成功的一种表现。

企业在慈善活动中需要处理好与慈善机构的协作关系。企业应当与慈善机构密切合作努力打造慈善公益品牌,不断提高慈善事业的社会公信度,要从建设企业慈善文化的高度来寻找企业发展与慈善活动的结合点。慈善机构也应当积极帮助企业开展慈善活动,从助残、助孤、扶老、助学、救灾等公众普遍关注的项目做起,根据各个企业不同的文化理念,来发展相应的慈善项目,帮助企业拓展社会影响力。

下面我们以著名的跨国企业安利日用品有限公司为例,来探讨如何用企业文化来推动慈善事业的发展。

安利(中国)是一家大型日化企业,采用多元化营销模式,在企业高速发展的同时,积极承担应尽的社会责任,热心慈善事业,努力回馈社会。截至 2007 年 11 月,安利(中国)捐赠、赞助款项近两亿元人民币,参与实施 3400 多项诸如倡导健康的生活理念、保护自然环境、关爱儿童等公益项目。

2008年1月，中国南方遭遇有史以来罕见的雨雪冰冻灾害，广州火车站滞留的大批旅客们急需御寒物资。广州市民政局呼吁社会各界进行捐赠。安利（中国）积极响应，他们组织志愿者，连夜筹集了3000袋饼干、3000瓶水、1000双手套和2000条围巾。这些志愿者还配合铁路员工、铁路干警和其他工作人员一起慰问被困乘客。当时，很多地方因雨雪干扰交通不畅，这么多的人力物力，安利是如何在短时间内组织起来的呢？其实，早在2003年，安利（中国）就以营销人员为主体，创立了志愿者协会。志愿者遍布全国各省、自治区和直辖市。此次慈善活动的成功进行，是与他们长期开展企业慈善文化建设分不开的。

作为一家美资企业，安利公司之所以如此关心中国的慈善事业，是因为安利企业文化中有着一个优良传统，即"安利的事业是人帮助人的事业。如果你想成功，必须先助人而后自助。"

安利公司意识到，很多中国企业对慈善文化建设还没有足够的认识，因此，他们希望能发挥抛砖引玉的作用，让更多的企业加入到慈善活动中来。

关于慈善的内涵及企业公民与社会责任之间的关系，安利公司认为：慈善便是"以慈行善"，构建和谐社会离不开慈善行为。企业的慈善活动可以补充国家社会保障的不足，可以让社会更加稳定、和谐、健康的发展。企业是社会的一员，是"企业公民"，因此在考虑自身赢利的同时，还要关心社会和公众的利益。

安利是生产日常用品的企业，与消费者的关系十分密切，产品质量本身就是社会责任感一种体现，因此他们力求在制造、销售等各个环节都做到尽善尽美。此外，投身慈善活动，帮助更多弱势群体，也是企业应当承担的社会责任。企业赢利的多少只是衡量其未来前景的一个方面,如果缺乏社会责任感,即使赢得再多也很难得到公众的认可。

安利公司认为,慈善并不等于只是捐钱。安利的企业主体是那些营销人员,因此,安利的慈善活动除了公司捐钱之外,营销人员大力参与也是一大特色。

安利是中国员工参与慈善活动数量最多的企业。在 2002 年开展的"清扫名山大川"环保活动中,他们在全国范围内动员了数万人对新疆红山、天津津河、南京紫金山、北京长城等十几处名山大川的垃圾进行了清扫。那么安利公司的这种号召力从何而来?事实上,它来自于营销人员对安利企业文化的认同。

家庭、自由、希望、奖励是安利企业文化的四个组成部分。家庭是社会的基础,因此被排在第一位。每个销售人员都是家庭的一分子,只有家庭和睦,社会方能和谐,安利公司希望每个销售人员都能通过努力让自己的家庭拥有美好的明天。安利企业文化体现的是对人的工作的肯定,即使没有背景、没有资金、没有学历也可以通过安利这个平台走向成功。而安利要想真正成为这样一个平台,只有先得到社会的肯定,而这也是安利的销售人员所渴望的。通过慈善活动,安利的美誉度不断提升,消费者对安利品牌的认知度也不断提升,这可以为销售人员的工作提供很多的便利。

关爱儿童是安利慈善活动的一个重要项目。儿童是未来,是希望,这与安利企业文化中"希望"相吻合。安利(中国)开展了"国际微笑行动",为患有腭裂、唇裂等先天性头面部畸形残疾儿童免费整形手术,以及"爱心纸鹤"、"点亮心愿"、"安康计划"、"安童基金"、"朝霞工程"等慈善公益活动。他们先后在全国捐建或援建了很多希望小学。从 2002 年开始,安利(中国)在 14 个省区的贫困县开展"青春接力你我同行——安利名校支教"活动,每年直接受益贫困地区学生达数万名。他们还资助天津师范大学、天津大学、清华大学、复旦大学等著名高校的研究生志愿者。除了关爱儿童之外，他们还设立"安利爱心基金"，专门对那些因突发变故而造成特殊困难的家庭和不幸者实施紧急救助。安利每年投入的慈善资金没有固定数额，视销售业绩而定，但对于经济欠发达地区的投入会有所倾斜。

安利公司在从事慈善活动的过程中深刻意识到，建立健全慈善事业的保障机制是企业慈善文化建设的一个重要内容。如何了解捐赠对象的真实情况，从而进行有针对性的捐赠是一个不容忽视的问题。例如"安利爱心基金"就是在对每个捐赠对象进行实际调查，确认情况属实的条件下才予发放。企业的慈善文化需要全社会的支持和弘扬。政府要对那些有突出贡献的企业和慈善家进行表彰；媒体也要大力宣传，争取让更多的企业和个人加入进来。

很多企业都有一种顾虑，生怕别人会说做慈善是一种变相的广告，安利公司认为，不论出于何种目的，只要是真正拿出钱来用于改善民生，社会就应当肯定。企业如何赚钱是一门学问，如何花钱更是一门学问。企业肯拿出钱来与弱势群体分享，是一种智慧，也是是一种勇气，是一种博大的企业精神的体现。

3. 企业文化与环境保护

在中国的经济发展中，企业对 GDP 的贡献最大，但给生态环境带来的压力也最大。因此，环境保护已成为企业社会责任的重要组成部分。如何将环境保护意识融入企业文化，也就成了企业文化建设的一项主要内容。

从 20 世纪 80 年代末开始，环境保护的概念逐渐深入人心。相关研究人士人认为，对环境构成决定性影响的因素主要有三个，即人口数量、富裕程度和科技水平。对于一个企业而言,要想通过改变人口数量或富裕程度来实现环保,显然是不可能的,因此只能依靠科学进步。

对于惠普这家全球知名的电子科技企业来说,如何消除电子垃圾,是一个值得关注的重要问题。为此,他们在生产经营的每个环节中都注入了环保理念。首先是在产品设计方面引入环保概念,力求将产品给环境带来的影响降到最低,选择的生产材料必须达到环保标准。在生产制造环节,惠普公司在办公室、数据中心、生产地点、运送中心都安装了环境健康系统。惠普下属的工厂全部获得了 ISO4000 标准认证。

安利曾获得联合国颁发"环保成就奖",是全球第二家获得这一奖项的企业。安利的产品始终贯穿着环保理念,产品的研发、生产等各个环节都有严格的环保要求。保护自然环境是安利参与实施的重要公益项目,也是安利环保理念的延伸。2002 年,他们启动了"哪里有安利,哪里就有绿色"的主题植树活动,在全国 30 个省市植树 100 万棵。安利曾连续四年出资赞助"地球第三极珠峰环保大行动",对珠峰的登山废弃物进行清理。

英国 BP 集团是最早进入中国的外资企业之一。作为一家能源企业,BP 认为,对于全球气候变化,企业有责任积极寻求相应的解决方案。他们在满足市场需求的同时,努力减少企业各部门的温室气体排放,并承诺到 2010 年要把二氧化碳的排放量在 1990 年水平上降低 10%。结果,在公司业务持续稳定增长的同时,BP 于 2001 年提前 9 年实现了这一目标。更令人振奋的是,他们在 3 年中投资 2000 万美元实施减排,使公司进一步了提高能源使用率,节约了生产成本,为企业带来了 5.6 亿美元的回报。此外,在过去 15 年中,BP 设立的"动植物保护奖"已经资助了来自 70 多个国家近 300 个环保项目。共有 20 个中国项目获得该项目的资助培训。

作为一个负责任的企业,BP不但要实现清洁生产,减少污染,达标排放,还要引导普通百姓参与到环保事业中来。要想做到这一点,最直观、有效的方法就是让公众把自己的碳排放计算出来,进而了解自己对气候变化产生了多大影响,应该怎样改进才算达到了环保的生活方式。为此,BP公司设计出了"BP碳排放计算器"。人们在使用这种"计算器"时,只需填写一个表格,就能直观了解自己的住房结构、生活习惯、能源消耗量、出行以及购物过程对环境(特别是碳排放量)的影响。同时,它还会介绍一些小窍门,帮助人们在不降低生活质量的前提下如何减少二氧化碳的排放。深入浅出地传达了"气候变化,人人有责"的理念。

与外国的能源企业相比,中国能源企业的环保意识普遍不高。石油炼化企业更是经常成为人们指责的焦点,一些人"谈炼色变"、"谈化色变",在四川彭州、云南昆明等地都曾出现过针对石油炼化项目的群体性抗议事件。然而,位于广西钦州的广西石化却得到了当地百姓的理解和支持。因为,他们在企业文化建设中注重突出生态环保理念。广西石化在投产前夕,为项目搬迁群众举办了"百家宴"。群众在宴席上丝毫没有表现出不满情绪。"百家宴"办得其乐融融,大家频频举杯预祝广西石化顺利投产。

广西石化1000万吨大炼油项目是中石油炼化产业布局的一颗重要棋子。当年这个项目选址钦州时,曾被认为是一招好棋,但也一招险棋。钦州地理位置非常独特的。它背靠大西南,濒临北部湾,中石油海外权益油可以方便而快捷途经马六甲海峡穿越南海运到这里。同时,在此生产出的成品油可销往整个大西南地区,因而具有十分明显的区位优势。但由于当地生态环境十分独特,生长着珍稀动植物,如钦州海湾的白海豚、海边滩涂上的红树林,等等。白海豚被称为"海上大熊猫",红树林被称为"海上森林"。这些动植物对环保的要求都极高。在此建设一个大型石化项目,很可能会对环境带来负面影响。

中石油集团公司领导从一开始就对广西石化千万吨炼油项目十分重视。他们曾多次赴钦州考察并明确提出,要把广西石化建设成为"国内领先,世界一流"的现代化石油炼化企业。广西石化的管理层也表示,他们有信心在钦州建设一个最清洁环保的、对生态环境影响最小的、技术和管理最先进的世界一流的石油炼化企业。这是中石油对钦州市百姓的庄严承诺。正是因为有了这种"环保优先"企业文化理念,广西石化才受到钦州市政府的欢迎,于 2005 年 10 月正式落户钦州。

在建设过程中,广西石化始终贯彻"采用世界先进技术,引入国际领先设计,借鉴国际工程管理,建设世界一流炼厂"的理念。他们面向全球寻找设计公司,最终"锁定"了美国 UOP 公司。这是一家拥有世界顶尖设计能力的机构,是美国霍尼维尔旗下的合资子公司,拥有世界最顶尖的炼油设计团队。根据该机构的"概念设计",广西石化又放眼全球,寻找和引入炼化行业的最新科研成果。西班牙、法国等国家和台湾地区的先进技术、管理流程和加工工艺均被广泛应用于这个项目。他们还引入了中石油相关工程公司与英国 A M EC 公司组成联合管理团队,采用一体化项目管理模式。以世界一流的指标、一流的管理、一流的设计和一流的技术,来实现建设世界一流炼厂的目标。

要实现这一目标,必须加大在环保技术和设施上的投入。他们在污水处理方面引进法国得利满公司自动控制系统和先进工艺技术,达到国家一级排放标准。他们采用内浮顶罐和浮顶罐技样,让液体产品在密闭装车后方可出厂,减少了90%以上的烃类损失;他们采用硫磺回收装置,采用还原－吸收尾气处理工艺和两级克劳斯制硫工艺,总硫回收率可达99.8%。他们采用低氮和低硫清洁燃料,从源头减少烟气中氮氧化物和二氧化硫；采用美国氯回收技术，消除了废碱液并大幅度降低氯化物……

由于选择了世界一流环保科技，广西石化比同类企业要多投入10多亿元。这样的巨额投资势必会影响到他们的经济效益。但广西石化的管理者们认为，保护生态环境是央企的社会责任，生态环境效益不能用简单的经济数字衡量。况且，这些世界一流的管理和技术，可以节省大量的人力，这也就意味着降低了生产成本。

正是因为采取了严格的环保措施，广西石化千万吨炼油建成投产后，钦州海域白海豚的数量不但没有减少，反而在不断增加。

10万吨级码头的建设和运营是广西石化在环保方面的另一个重要举措。这一码头是广西石化苯类产品、成品油和原油水路进出厂区的唯一口岸，吞吐量居钦州港第一位，年接卸油品船次760多艘，年输转油品约1400万吨。输转过程中稍有不慎，北部湾海域水体就有可能被污染，白海豚和红树木等珍惜海洋生物生存环境就会受到直接影响。

但人们走近码头，见到的是碧波荡漾，没有一丝污染。广西石化为了防止漏油事故，建成广西北部湾港首套"码头溢油监视报警系统"，总投资130多万元。他们通过围油栏对码头输转成品油的内港池进行封闭管理；还购置了广西北部湾港第一艘浮油回收船，为此投入的资金高达1352万元。同时实施严格的码头库区三级防控管理，以确保万无一失。

茅尾海大蚝是钦州特产之一，对水质要求比白海豚和红树林还要高。钦州的一些从事大蚝饲养的农民认为，广西石化并没有给他们的养殖业造成影响，反而让他们的大蚝有了更大的市场，带动了当地经济发展。

作为一家石油炼化企业，广西石化自投产以来对当地环境特别是敏感的海洋生态环境没有任何影响。2011年茅尾海被批准成为全国第一批"国家级海洋公园",如今它已成为全国最大的大蚝天然苗种繁殖区,钦州每年都会在这里举办盛大文化旅游项目——"蚝情节"。

广西石化让钦州人认识到石化项目并不可怕,完全可以建成清洁环保的绿色项目。钦州市政府为此专门对产业发展布局做出调整,把开发区原来规划的"冶金产业园"改变为"石化产业园"。

广西石化以世界一流的管理和技术,在企业文化中注入了"经济与环境、人与自然和谐发展"的理念,使自己成了我国石油化工行业的环保样本。

HOLA特力屋是国际知名的家饰家用品牌,低碳环保是他们一贯倡导的理念。他们将每年4月定为环保月,举办相关活动,营造环保文化。他们会邀请环保专家举办相关讲座;会组织员工观看环保影片,宣传"素食减碳"的生活理念;会在"世界地球日"(4月22日)举办素食品鉴会……通过这些活动让员工深入了解环保的意义,引导他们积极投入到环保行动中来。

此外,在日常运营中,HOLA特力屋也有很多的环保举措,如办公文件袋重复利用、减少使用一次性产品、随手关闭待机电器、尽可能使用再生纸、纸张效用最大化等,从小事入手,从点滴做起,让环保理念真正融入员工的日常生活。

除了在员工内部倡导环保外,HOLA特力屋在店内商品的选择上,也十分注重环保因素。减少一次性产品的使用便是一个很好的例子。为了减少一次性纸杯的使用,他们为顾客准备各式各样的马克杯、保温杯和水壶,此外还有很多款实用美观的环保袋和造型新颖奇特的环保创意筷。为了进一步提升环保与产品相结合的理念,HOLA特力屋推出了追求"自然、健康、乐活"的全新自有品牌"Live for Nature绿色部落"。纯手工制作,不含任何化学添加物的有机洗剂和不含任何添加剂、防腐剂的原乡系列小食，不但可以让消费者更加关注自身的健康，同时也很好地倡导了地球环境"零负担"的生存理念。在这一系列产品中，通过高科技再加工技术制成的收纳凳、笔记本、相框等实用家品和利用生活废弃物制作的宝特瓶，特别受到环保人士的赞赏，其中收纳凳还获得过中国家居用品风尚大奖的最佳创新材质奖。由此可见，环保已成为 HOLA 特力屋的一张企业文化名片。

下面，我们以一些普通企业为例，来看一看它们是如何在企业文化中融入环保理念，在推动企业发展的同时赢得公众口碑的。

土地沙漠化是影响全球的重大环境问题。我国内蒙古的沙化面积达 42.8 万平方公里，全国的八个大沙漠中，有四个在内蒙古。

内蒙古阿拉善拥有受全社会高度关注的社会经济条件和良好的自然地理条件，但也面临着中国第二大沙漠——巴丹吉林原生沙漠的肆虐侵害。在对阿拉善沙漠化进行治理的过程中，九汉天成旅游开发有限责任公司认为，如果只依靠本地的科技力量和经济力量，难以抗拒这种侵害，也很难改变这里的经济状况。因此，他们希望能够搭建一个平台，得到全社会的经济支持、人才支持和科技支持。为此，他们请社会各界的权威人士献计献策，取得了很多操作强的防治荒漠化技术，很好地履行了"防治荒漠化，我的责任"的承诺。

九汉天成公司每年都会对当地农牧民进行培训，帮助他们从传统的牧业生产中走出来，转向第三产业。通过这些努力，沙漠化地区用于放牧的土地减少了 300 余万亩，相当于在同在等数量的土地上实现了退牧还草，为国家节省了大量的退牧还草费用。

现在，"腾格里达来·月亮湖生态旅游区"已成为全球规模最大的沙漠生态探险基地。九汉天成在环境保护方面的努力，不但为自己创造了可观的经济效益，而且吸引了很多国内外专家目光。他们纷纷前来观光考察，将九汉天成的成功经验传播到了世界各地，吸引了更多的公众参与到生态治理和环境保护的行列中来。

鄂尔多斯黄河南岸的干旱区每年会有 1.6 亿吨黄沙涌进黄河。有的年份,甚至会造成黄河断流,给当地群众的生产生活带来巨大灾难。

为改善区域投资环境,让土地沙化和水土流失的危害得到有效控制,增强农牧业抗灾能力,东达蒙古王集团于 1996 年提出了"生态建设不以绿色画句号"的生态文化理念,在鄂尔多斯地区开始了治理沙漠的大战。他们投资 2.43 亿元,实施了沙柳产业化基地建设项目,规模达 300 万亩,对当地的生态环境起到了有效的改善作用。

此外,他们还投资 2.2 亿元,对因环保不达标而倒闭的造纸厂进行收购。通过技术革新,利用每年平茬下来的近 100 万吨沙柳作原材料,不但达到环保标准,而且为当地农牧民种植沙柳提供了保障,让 12 万农牧民从中受益。

王朗保护区是大熊猫的故乡。2004 年,在世界自然基金会支持下,保护区成立了社区小型企业——王朗生态旅游服务中心。

长期以来,当地经济结构单一,居民多以在保护区内放牧、偷猎、挖掘药材和采集林副产为生,日常生活中用木材作燃料。未能合理利用自然资源,对自然环境造成严重破坏,大熊猫及其他珍稀野生动物的栖息地面积越来越小。

王朗保护区首先帮助周边农户在不破坏环境的条件下生产一定量的林副产品,然后,再让这些农户与王朗生态旅游服务公司签订合同。公司会以不低于市场价的价格收购这些林副产品,并对社区的村民进行了养殖、种植和市场营销方面的培训。从 2004 年起,王朗生态旅游服务中心先后组织了来自周边社区的茶叶、香菇、花椒、核桃、蜂蜜等农副产品在北京、海南、上海、重庆、成都等地的超市销售,让农户得到了较高的回报,有效地改善了他们的生活,也改善周边社区与保护区的关系,使当地居民自觉加入到保护环境的行列中来,减轻了他们对自然资源的依赖性,最终达保护环境的目的。

燕京惠泉啤酒公司认为,社会经济的全面发展主要依靠企业,但企业也需要承担其他的社会责任,例如因发展经济而产生的环境责任。一个企业不但要成为产品的生产者和销售者,还要成为报废产品的回收者。要将其中有用的零部件和材料进行再利用,以减少污染物产生,杜绝二次污染,降低环境负荷,积极主动地实现污染减排。

因此,惠泉公司以"环境友好、污染防治"为目标,主动承担保护环境义务,开展了一系列的节能减污增效活动,使企业与资源环境共生互惠,企业与周边社区和谐共处,持续削减污染物的排放,在实现经济发展目标的同时,也达到保护环境的目标。在烟气减排已达极限的情况下,他们对公司的锅炉进行全面改造,使静电除尘效率达到同行业的先进水平,并且节约了大量的生产成本,实现了经济效益和环境效益的双丰收。

除了我们在上节提到的煤炭和重化工企业之外,五金企业和五金产品也是造成环境污染的重要源头。下面我们再以五金企业为例,来说明企业应当如何在生产经营过程中减轻环境负荷,以及建设环保文化对企业未来发展的影响。

目前,节能低碳已成为全社会的共识。很多高能耗企业也真正意识到"低碳经济"的深远意义。据相关数据显示,机电产品是所有商品中耗能较多的一类,全国用能的70%都是被这类产品占用的。五金企业在日益严峻的环境压力下,唯一的选择就是走低碳生产之路,从根本上降低能源消耗。既要遵守国家的相关环保政策,又要迎合绿色经济的消费趋势。五金企业在这条路上的探索与实践对其他类型企业也有着重要的借鉴意义。

现在,很多的五金企业都已认识到,折扣、降价等促销方式已无法真正打动消费者,只有靠产品的差异化才能满足他们不断变化和不断提高的需求品味。而这种差异化的实现离不开设计理念的创新,包括融入更多健康、环保元素。随着人们生活水平的日益提高和产品制造技术的不断创新,锡制茶叶罐、无油烟锅等既实用又时尚的高科技五金产品越来越受到消费者的青睐。

电热水器领导品牌帅康在某次国际节能环保协会举行的"全球节能创新产品"颁奖典礼上,荣获"节能奥斯卡奖"。这是电热水器行业首次获此殊荣,也是中国的五金企业在能源节约方面开始对全人类做出贡献的标志性事件。国际节能环保协会的权威人士评价道:中国电热水器节能技术已经获得国际话语权。

有了帅康的成功实践,我们相信,中国的五金企业,甚至是其他所有的企业都会觉醒,一定会在绿色节能环保领域开辟出一片新的天地。

但也不能盲目乐观。例如,在中国目前轰轰烈烈的建房热潮中,高耗能建材依然是市场上的主流。如果建筑企业依然不注重生产中的节能问题,能源耗损就会进一步加剧,能源危机也就无法避免,环境负荷也会进一步增大。值得庆幸的是,由于国家大力宣传节能环保政策,建筑企业也正在逐年提高节能环保型幕墙和门窗的使用比例。为顺应未来市场的发展趋势,门窗行业也不得不进行相应的节能改造。

在低碳环保理念的引领下,打造无数条由各个行业、各类企业都来参与的节能减排绿色产业链,是减轻环境负荷的有效途径。高污染、高耗能企业要主动进行自我转型,开发出更多低污染、低耗材、低耗能的绿色健康产品,在创造经济价值同时,也创造更多的社会价值和生态价值。

保护环境应当成为企业对社会的长期承诺,成为企业所应承担的主要社会责任之一。每一个企业都应将环保意识融入企业文化之中,为真正实现经济的可持续性发展做出自己的贡献。

4. 企业文化与能源节约

随着人口的增加、科技的进步,人类对能源的需求越来越大,而有些资源是无法再生的,因此,在生产经营中注意节约资源,也就成了企业的一项社会责任,是企业在进行文化建设中需要高度关注的一个问题。

仍然以建筑企业为例。在目前中国的存量建筑中,高能耗建筑占99%,而发达国家的单位建筑面积能耗仅是我国的四分之一至三分之一。这对我国城市可持续发展极为不利。如果国内的建筑企业不采取有力措施,到2020年,我国将达到11亿吨标准煤的建筑能耗,是目前的3倍以上,我国也将成为排放二氧化碳最多的国家。因此,建筑节能也成为迫在眉睫的问题。

那么,怎样的建筑才算是真正的节能建筑? 节能建筑到底有没有客观的衡量标准? 如果有的话又是什么? 北京锋尚房地产开发有限公司为我们提供了一些可供参考的答案。

南京是中国著名的"火炉"之一。为了解决夏季制冷用电的问题,南京市政府只好采取增建电厂的办法,但这是与科学发展观背道而驰的举措。南京锋尚对症下药,通过对建筑物围护结构热物理性能的提升来降低采暖制冷负荷,利用具有先进能效的毛细管采暖制冷系统,利用可再生能源技术,如太阳能光伏发电等,为建筑物采暖制冷系统所需的二次能耗进行补充,既将房间室内温度控制在人体舒适温度范围内,又摆脱了电力等传统能源的束缚。使夏季制冷实现"零排放"和"零能耗",不但缓解了用电压力,而且可以对空调在室外排放的热量进行回收利用,避免了城市"热岛效应"的产生。如果所有的建筑企业都能采取这一做法,将会使大量的住宅达到零能耗或低能耗设计标准,全国在用电高峰期的电力紧张问题也将大大缓解。

北京锋尚国际公寓在节能降耗方面的表现则更为优异。他们实现了在任何一个房间中都不使用暖气片和空调器,却可以保持高舒适度的居住理想,彻底告别了"空调暖气时代"。锋尚国际也因此成为第一个实现了欧洲"低能耗"指标的中国建筑企业。如果按中国的国家标准来计算,尚锋的"低能耗"等于节省了80%以上的能耗,而政府相关部门目标是至2020年全国节能65%。由此可见,锋尚已远远走在时代的前列。

他们之所以能取得这样的成就,首先是因为其企业文化中始终体现着节能环保意识,另外还得益于先进的企业物质文化,特别是科学技术的支撑。尚锋作为一个年轻的房地产企业,却为公众提供了全方位的居住健康解决方案,也为众多的同行提供了可借鉴的全新的发展模式。

作为中国著名的能源企业,大庆油田将资源节约意识融入企业文化建设中,收到了良好的效果。

多年来,大庆石油炼化公司努力彰显企业文化的独特魅力,构筑了"铸魂、炼魄、聚力、强制、塑形"五大文化管理平台,使企业管理更趋人性化、系统化和科学化。作为企业文化建设的一项重要内容,他们开展了一项名为"细节管理年"的活动。这一活动的重点内容就是夯实企业的基础管理,实现安全平稳生产。通过这项活动,企业在收到显著管理成果的同时,在节能降耗方面也有了根本性改善,为创建资源节约型和谐企业打下了良好基础。

炼化公司上下已形成一种共识,即用文化管理来推动资源节约型和谐企业的建设。他们提出了"以文化带动创新,以文化促进和谐,以创新和谐谋发展"的构建资源节约型和谐企业的发展方向,给企业发展提供文化动力,通过加强企业文化建设,来提高企业的生机和活力,其中也包括提高全体员工的节能意识。

他们充分认识到,资源节约是一项长期的系统工程,需要持续不断的努力,不可能一蹴而就。因此,在进行企业文化建设的过程中,他们不断深入开展"创建学习型组织,争做知识型员工,推进全面创新"主题活动,这对培养员工的资源节约意识产生了重要影响。

燕京惠泉啤酒股份有限公司在推进资源节约型企业建设中也取得了很多值得借鉴的经验。

惠泉公司认为,现代化企业应该是资源节约型企业,不能以消耗资源和破坏绿色环境为代价来发展经济。这是惠泉公司多年来始终坚持的一贯信念。在建厂之初,他们就严格按照国家的相关要求,在工程的设计、施工全过程中,充分考虑节能降耗的问题,力争做到每个车间、厂房都达到节能标准。他们所有的关键仪器和设备都是从瑞士、德国引进的,均达到当今世界一流水平,从而使各项能源消耗指标都优于全国的同行业企业,有的甚至已达到国际先进水平,在创造最大经济效益的同时,将能源消耗控制在最低水平。

发展循环经济,实现资源的循环利用,是建设资源节约型企业的一项重要内容,也是惠泉始公司始终追求的目标。循环经济是一种以高效率、低排放、低消耗为基本特征,以资源化、再利用、减量化为原则,以资源的循环利用和高效利用为核心的可持续发展的经济增长模式。

惠泉公司在多年的生产经营实践中,始终重视经济效益、社会效益和环境效益的协调发展。他们以资源节约和降低污染物减排为特征的发展模式已受受到越来越多的关注。节能减排、综合利用、洁净生产、循环发展已成为惠泉企业文化的一大特色。

他们在整个企业经营流程中系统地减少和避免废弃物。在生产、流通、消费全过程中高度关注资源合理利用和节约,并且积极发展再生资源产业。他们依靠先进的管理手段和技术手段,提高了资源利用率,基本实现了资源的循环利用,污染物排放量持续减少,并且能够将污染源转为新资源。他们的千升啤酒耗水量、耗电量、耗标煤量及单位产品综合能耗均优于国内先进水平,达到国际先进水平。

在多年的生产经营过程中,惠泉公司始终坚持以科技创新来实现资源的减量化。他们积极实施技术改造,进行结构调整,依靠科技进步,推动工艺的节能化;他们采用国际一流的啤酒罐装设备和酿造设备,减少污染源产生量,提高资源利用率,推进节能降耗。节能减排的主要项目包括:每年可节约100吨以上标准煤的锅炉软化水经糖化二次蒸汽加热后进炉技术;每年可以节约洗瓶费用20万元以上的洗瓶机碱液在线过滤循环使用系统;年可创经济效益95万元并减少废酒液排放1500吨的残酒回收系统;可实现办公无纸化的全面办公自动化系统。此外,他们还通过调整品种结构和科技创新,提高了小瓶装啤酒和易拉罐啤酒生产量,达到了减少污染排放和节约资源的目的。

他们以经济考核的方式来促进资源的有效利用。通过现场管理的强化带动经济技术指标和绩效管理的考核,将"节能、减排"作为生产经营管理中的重要任务。现场操作、管理、工艺等方面都要进行严格控制,每一天、每个班组甚至每个机台都要进行指标分析对比。

惠泉公司很重视员工的职业素质教育,努力提高他们的环保意识,倡导"我为环境出把力,环境为我出效益"的积极的环保理念,强化生产现场管理,激发和调动员工的积极性和创造性,在节能降耗方面收到良好效果,也有效控制了生产成本。此外,他们还通过评比"优质、安全、低耗"的优胜红旗生产单位活动,形成了良好的竞争氛围。积极主动的环保意识、严格的检查评比制度和有效的考核使车间生产线效率始终保持优良状态,极大地提高了各生产单位和各个员工的节能降耗能力,很好地保证公司经济效益的增长。

目前,以啤酒生产为基础,惠泉公司已形成了原料、生产、销售、废物回收为一体的产业链,通过对整条产业链的全过程监控,成功地实现了保护环境、节约资源、降低成本的预期。惠泉公司正在探索物质与能源的充分利用和资源的再循环、再利用问题,努力实现与周边企业、周边社区及污水处理企业的废物、能源、资源之间的交换,让区域资源的配置达到最优化。

燕京惠泉啤酒公司多年来始终坚持循环经济理念,通过持续不断的技术进步、理念更新和管理提升来达到资源利用最大化的目的,并取得了显著的成效。他们被授予了"全国绿化模范单位"称号,成为一个集环境、科技、生态于一体的啤酒生产模范基地,这些成就的取得,与他们将节能理念融入企业文化的努力是分不开的。

资源的循环利用虽然是节约能源的一个有效手段,但它依然无法解决不可再生能源终将枯竭的问题。在这个方面,日本的三洋公司为全人类找到了一条新的出路。

三洋公司是全球最早提出利用太阳能的企业。他们的这一主张是在20世纪70年代的一次石油危机的背景下提出的。

1973年,全球石油供应出现严重紧张的局面,油价猛涨四至五倍,且丝毫未见有回落迹象。这提醒人们,石油、煤炭等不可再生能源迟早会有被用光的一天,人类始终没能摆脱能源危机的威胁。因此,不论是能源丰富的国家,还是能源贫乏的国家,都不能再毫无节制地使用能源了。

但节能也不过是权宜之计。如果从长远考虑,过度节约会导致经济衰退。因此,在节约不可再生能源的同时,必须通过技术手段开发新的替代能源。

三洋公司前社长井植薰经过认真分析认为:水电是不易产生污染

又不易枯竭的新能源,但日本国内并没有足够丰富的水力资源;风力和潮汐发电在技术上还存在瓶颈,常会受制于环境变化;利用原子能发电则潜伏着巨大的危险。最终,他选择了清洁能源——太阳能。

从理论上来说,太阳能之大超乎人们的想象。太阳 20 至 30 分钟发出的能量可与目前全世界每年消耗的其他能源总量相当。也就是说,如果能将太阳能利用到极致,那么全世界一年只需采集 20 至 30 分钟的太阳能就可以满足全部的能源需求。不过,目前的科技水平还远远达不到这一理想状态。这种绿色能源始终未能得到人类有效利用,充其量只不过是利用了大海中的一滴水。因此,能源企业如果一心一意进行太阳能的开发利用,前景将是无限光明的。只要稍稍提高太阳能的利用率,石油、煤炭等不可再生能源的枯竭问题也就不再是困扰全人类的噩梦,全球环境污染问题也就迎刃而解。因此,太阳能的开发和利用是一项造福于全人类的伟大事业,所有有社会责任感的企业都应当加入这个行列中来。

三洋公司的太阳能之路是从井植薰创建"太阳能之家"开始的。井植薰通过与妻子的深入沟通,决定将他们在"二战"前修建的旧房全部拆掉,在原址上兴建一座"太阳能之家"。1981 年春,"太阳能之家"全面竣工。它实现了用太阳能做饭、取暖、制冷三大目标,虽然在某些方面还需要石油当辅助能源,但毕竟迈出了人类使用绿色能源的第一步。这也为三洋公司此后在这一领域的全面发展提供了蓝图。

此后,他们充分考虑日本普通家庭的经济承受能力,不断降低太阳能设备的生产成本,把"太阳能利用工业化"作为重点攻关课题,将价格目标定为"一般职工都能买得起",从而获得了越来越大的市场份额。

三洋努力增强自身的市场竞争力,不断生产、开发有前途的新产品。他们把巨额资金和大量的心血都倾注在太阳能系统产品上。其中,太阳能冷气机、太阳能吸收式热水器、太阳能聚热器等产品都已趋于成熟。三洋公司在非晶硅太阳能电池等方面的生产和科研是世界其他企业望尘莫及的。

从目前的情况看,煤炭、石油等不可再生能源的枯竭还不是很快就会上演的悲剧,但也绝不是遥遥无期的天方夜谭。这类能源一旦被用光,汽车、家电等老百姓日常生活用品都会变成一堆废物,人类的前途将会一片黯淡。因此,开发、利用太阳能等新能源也就成了当务之急。

对于太阳能利用技术的执着追求,体现了三洋公司一贯倡导的企业精神,是三洋公司企业文化最重要的组在成部分。也是对全人类节能环保事业的巨大贡献,充分体现了一个国际化企业的社会责任感。